ナラティヴと共同性

自助グループ・当事者研究・オープンダイアローグ

野口裕二

青土社

ナラティヴと共同性　目次

IV　当事者性と共同性

ナラティヴと共同性　自助グループ・当事者研究・オープンダイアローグ

はじめに

　ナラティヴという言葉が多くのひとに知られるようになって二〇年が過ぎた。この間に、ナラティヴ・アプローチはどんな課題に取り組み、どんな成果を生み出してきたのか。何をしてきて、何をしてこなかったのか。そして、これから何ができるのか。これらが本書を貫く問いである。

　ナラティヴ・アプローチが何をしてきたかについては、二つの領域に分けて考えることができる。ひとつは臨床の領域、もうひとつは臨床以外の領域である。臨床の領域では、「外在化」、「無知の姿勢」、「リフレクティング」といった革新的な方法が臨床の場面を確実に変えてきた。これらの方法そのものを使わない場合でもそうしたやり方がありうるという感覚が臨床の幅を広げてきた。私たちを取り巻いている言葉や物語が想像以上に大きな影響力をもっていることにより敏感になり、その支配や呪縛から脱することを臨床上の大きな目標とするようになったといえるだろう。

　一方、臨床以外の領域にもナラティヴ・アプローチは広く浸透してきた。筆者自身、社会学の立場から社会現象一般へのナラティヴ・アプローチの応用について検討してきたし、さまざまな視点からナラティヴに注目する社会学者も増えてきた（野口編、2015）。また、後に述べるように文学研究者からも関心が寄せられている。こうした広がりは、ナラティヴ・アプローチの普及と展開の跡を示すものとして評価することができる。しかし一方で、それらはナラティヴ・アプローチの新たな領域への応用であって、ナラティヴ・アプローチそれ自身の進化や発展を示すものではないともいえる。

筆者自身、『ナラティヴ・セラピー――社会構成主義の実践』（1997）の翻訳から始まって、『物語としてのケア――ナラティヴ・アプローチの世界へ』（2002）、『ナラティヴの臨床社会学』（2005）、『ナラティヴ・アプローチ』（2009）を出版してこの流れのなかに積極的に身を置いてきた。しかし、その後、単著を出版していない。求めに応じて寄稿したものはいくつかあるのだが、単著としてまとめるまでに至らなかった。まとまらなかった最大の理由は、理論の導入と紹介の時期が終わって、あらためて伝えるべき論点が見出しにくくなったことがあげられる。大事なことはすでにおおむね論じた、次の大事な論点が出てくるまで待とうというのが偽らざる心境だった。そうした心境に変化が生じてきたのが「オープンダイアローグ」との出会いである。

二〇一四年に研究専念期間をとって、さまざまな本や論文をゆっくり読む時間をとることができた。そのなかでひときわ衝撃を受けたのがオープンダイアローグに関するいくつかの論文だった。オープンダイアローグについては本書の後半で詳しく紹介するので、そちらを参照していただきたい。ここで大切なのは、オープンダイアローグがナラティヴ・アプローチに刺激されて生まれてきたものでありながら、それを乗り越える視界を拓いている点である。オープンダイアローグの登場によって、ナラティヴ・アプローチがもっていた限界が明らかになった。ナラティヴ・アプローチに魅了され、それを紹介し、展開することに専心してきた者にとって、それは、ナラティヴ・アプローチの特徴と限界をあらためて理解する重要な経験となった。そして、ナラティヴ・アプローチがこれまでしてきたこととこれからすべきことが見えてきた。

本書は、筆者がこれまでさまざまな媒体に書いてきた一二本の論考に書き下ろし一本を加えてまとめたものである。全体は以下の四つの部に分かれている。

I　言葉と現実

第一章「言葉による癒し」は一般向けに書かれたもので、これまでは臨床家向けか社会学者向けに書くことが多かったがそれらとは一味違う書き方になった。第二章「社会的現実が立ち上がるとき」は現職教員向けの講習を手がかりにして学校現場でのナラティヴ・アプローチの応用の仕方を探るものである。第三章「読みの多様性をめぐって」は文学研究者向けに書かれたものである。ナラティヴという元々文学領域で発展した概念を本家本元の文学研究者に向かって論じるという大それたことをしているが、文学から借りてきたナラティヴという概念が臨床領域で独自の発展を遂げて文学領域に逆輸入されていく様子を読み取っていただけるのではないかと思う。

II　物語と社会

第四章「社会現象へのナラティヴ・アプローチ」は、臨床領域などのミクロな状況に限定されがちなナラティヴ・アプローチをマクロな社会状況に当てはめたときにどのような社会学的議論が成り立つのかを検討するものである。第五章「親密性と共同性」は、文字通り、親密性と共同性の関係について理論的に考察したもので、本書のキーワードのひとつである「共同性」に照準するものである。ナラティヴ・アプローチについて直接論じていないが、後に述べるナラティヴ・アプローチの今後の課題である「共同性」に関する予備的考察として読んでいただければと思う。第六章「アディクションとナラティヴ」は、アディクション臨床におけるナラティヴ・アプローチの展開を、「言いっぱなし聞きっぱなしのナラティヴ」と「外在化のナラティヴ」という二つの視点から整理し、アディクションという現象と社会に流通するさまざまな物語との関係について検討している。

III　対話とネットワーク

ここに収められた三本はいずれもオープンダイアローグから受けた衝撃をモチーフにしている。第七章「ナラティヴとオープンダイアローグ」は、オープンダイアローグから受けた衝撃について初めて書かれたもので、ナラティヴ・アプローチとオープンダイアローグを比較しながら、両者の共通点と相違点について論じたものである。第八章「ソーシャルネットワークの復権」は、オープンダイアローグの重要な特徴のひとつであるソーシャルネットワークの位置づけに焦点を当て、その誕生の背景にあったフィンランドの社会状況、とりわけ、専門化と個人化の状況について検討するものである。第九章「ナラティヴと感情」は、司法領域におけるナラティヴ・アプローチについて論ずるもので、オープンダイアローグを参照しながら「感情」の扱い方の違いについて検討する。特にここで論じられる「愛」の重要性という論点は、この後に論ずるナラティヴ・アプローチの限界に関する議論、共同性に関する議論とも密接に関わってくる。

Ⅳ　当事者性と共同性

第一〇章「当事者研究が生み出す自己」は、べてるの家で生まれた「当事者研究」を社会学的自己論の視点から考察するもので、それが、公共的な再帰的自己、集合的な再帰的自己を形作るものであることが論じられる。第一一章「自助グループと当事者研究」は、当事者研究は自助グループから何を受け継ぎ何を新たに生み出したのかについて考察したもので、「垂直モデル」と「水平モデル」というふたつのモデルが提示される。第一二章「医療コミュニケーションの変容」は、ナラティヴ・アプローチ、当事者研究、オープンダイアローグなどの臨床領域で近年注目される動きに共通する特徴を「平等化」、「民主化」という視点から考察している。そして、第一三章「ナラティヴと共同性」は、ナラティヴ・アプローチがこれまでしてきたこととしてこなかったことについて総括し、「解放の物語」とともに「共同の物語」を語ることの重要性が述べられる。

以上が本書の構成である。書いた時期も媒体もさまざまで、文章の長さも密度も異なるものが並んでいる。また、たとえば、オープンダイアローグの紹介はそれぞれの論文で必要だったため何度も同じような記述が出てくる。しかし、こうした重複をなくそうとすると論文のバランスが大きく崩れるため一部を除いてそのまま再録した。冗長に感じられるかもしれないが、逆に、各章は基本的に独立しており、どの章から読んでも理解できる利点もある。ナラティヴ・アプローチはこれまで何をなしとげ、これから何をなすべきなのか。本書がこの問題を考えるうえでのヒントとなることを願っている。

I　言葉と現実

第一章　言葉による癒し

あの言葉に救われたという経験はおそらく誰にでもあるだろう。言葉が癒しの力をもつことは誰でも経験的に知っている。一方で、言葉が時として人を傷つけるものであることもわれわれは知っている。誰かの心ない一言に傷ついた経験、その傷を抱えながらいつかそれが癒えるのを待った経験もおそらく誰にでもあるはずである。言葉は人を傷つけもすれば癒しもする。では、なぜ、言葉はそのような力をもつのか。

言葉は世界をつくる。それがこの問いに対する端的な回答である。われわれは言葉を頼りにして自分が置かれた現実を理解している。たとえば、誰かの厳しい言葉に接すると、自分が何かまずいことをしたのか、あるいは、自分のせいではなくて単に相手の機嫌が悪いだけなのかなどと思いを巡らす。前者であれば、自分が何かまずいことをしたという現実が構成され、後者であれば、特に自分に落ち度はなく相手がたまたま機嫌が悪いだけだという現実が構成される。われわれは言葉を頼りにして、現実を解釈し構成している。もちろん、言葉だけでなく、相手の表情や態度といった非言語的な要素も重要な役割を果たす。それらが総合的に判断されて現実は構成されるのだが、言葉には言葉だけがもつ特権的な力がある。それは、現実を定義する力である。

たとえば、親が子どもに、「おまえはなんて意志が弱いのだ」と言ったとしよう。子どもは、その言葉を聞いて自分は意志が弱いのだと思うようになる。子どもは親と比べて圧倒的に経験も知識もすくない。そもそも、「意志が弱い」とはどのような状態を指すのかもよくわかっていない。そうした状況で、親の言葉は現実を定義する強い力をもっている。もちろん、子どもも思春期ぐらいになるとそれなりの経験や知識が身についてきて、そうした親の定義を跳ね返し、自分なりの定義ができるようになる。このように考えると、反抗期とは言葉による現実定義能力の成長の証しと考えることもできる。優位な立場に立つ者の言葉は一般に現実を定義する力をもっている。言葉は社会的地位や立場と結びつくことでより大きな力を発揮する。

言葉のもつ力でもうひとつ忘れてならないのは、数多くの出来事をまとめる力である。個々の出来事においては、その時々の感情など非言語的要素がからまっていて、ひとつの言葉ではうまく表せないような場合でも、振り返ってみてそれらを総括するとき、そこにひとつの意味が与えられる。たとえば、うまくいかないことが続いた日々を思い出して、あれは「不運」だったと考えるか、「試練」だったと考えるかで過去の意味は変わってくる。このとき、個々の出来事に伴う細かな差異は捨象されて、大括りの意味が与えられ、雑然とした出来事の羅列がひとつの引き出しに整理される。これも、言葉のもつ定義能力の一例と考えることもできるが、個別の定義ではなく、複数の出来事をまとめる力として区別しておこう。

さて、以上みてきた言葉の力は、ひとつの単語やひとつの文章レベルの短い言葉を念頭に置いたものだったが、いうまでもなく言葉はもっと長い形式でも存在する。物語という形式がそれである。多くの言葉が連なってひとつの物語を構成するとき、それはさらに強い力を発揮する。物語に感動して人生観が変わるということがある。あるいは、そこまでいかなくとも、元気が出たり、逆に、悲しい気持ちになったりすることもある。ここでいう物語はいわゆるフィクションに限らない。実際に起きた出来事を綴ったノンフィクションや歴史叙述、あるいは、あるひとが語る経験談や人生物語なども含めて、いわゆる物語形式をとるものすべてを含めて考えてよい。

言葉は単語でも文章でも、そして、たくさんの文章を連ねた物語においても、それぞれに人を動かす力をもっている。では、言葉による癒しという問題を考えるとき、これらはどのような関係にあると考えればよいか。

たとえば、「がんばったね」というたった一言に救われることがある。「しばらくはつらいだろうが、これもひとつの試練と考えて何とか乗り越えようと思う」という誰かの言葉に感動することもある。これら二つの例の場合、それぞれは確かに短い言葉にすぎないのだが、実は、これらの言葉には共通点がある。それは、時間軸を意識させるという点である。「がんばったね」という言葉は、がんばるという行為を過去に行った結果、現在があり、未来があることを言外に伝えている。また、

「ひとつの試練と考えて」の方は、現在のつらさを乗り越えたところの未来が展望されている。いずれも、ある一時点のみを切り取るのではなく、ある一時点を時間軸の流れのなかに位置づけている。つまり、これらの短い言葉も実は短い物語となっている。より正確にいえば、物語の一部、あるいは、物語の一場面として長い物語を想起させるものとなっている。このように考えると、言葉の癒しの力とは癒しの物語を想起させる力と言い換えることができる。なぜ、ほんの短いひとつの言葉が人を癒すことがあるのかといえば、それは、傷つきから癒しへと至る物語が存在することを垣間見せるからということができる。

ここで重要なのは「垣間見せる」という点である。こうすれば癒されるというマニュアルのような道筋が示されるわけではない。もちろん、そのようなマニュアルがあればそれはそれで役に立つのだろうが、そのようなものが見つからないからこそ、われわれは苦しむ。そして、そのようななかで出会うひとつの言葉や物語にわれわれはかすかな救いを見出す。どのような筋書きになるのかはわからないが、とにかく救いの物語がありうるという感覚とでもいえばよいだろうか。明確な筋書きが見えるのではなく、物語が成立するかもしれないという予感のようなものが湧き上がってくるのである。

一方で、そのような言葉や物語に出会えないとき、われわれの苦しみは深まっていく。この苦しみはいつまで続くのか、この苦しみから解放される日が果たして来るのだろうか、という問いに対して、何の手がかりもヒントも与えられない状態である。苦しみだけが続く物語、それはもはや物語とはいえない。そこには筋の展開がないのだから。つまり、苦しみの状態とは苦しみの物語に囚われている状態ではない。物語が物語として成立しない状態、物語の不在こそがひとを苦しめている。しかし、そこに、なんらかの言葉が届いて、かすかな筋の展開が始まるとき、それをわれわれは癒しの言葉と呼ぶ。

このように考えると、言葉がひとを傷つけるという事態も同様に理解できる。ある言葉や物語がひとを傷つけるとき、それは、そのひとが大切にしている物語を傷つけている。われわれはみなそれぞれの人生物語を生きている。生まれてからいままでどんな人生を歩んできたのか、そして、それをどう思っているのか、という人生物語のなかにいまの自分がある。ひとを傷つける言葉はその物語を傷つける。その言葉が事実であるとすると、いままで自分が大切にしてきた物語が成り立たなくなる、あるいは、そこまでいかなくとも、物語としての一貫性が損なわれる、あるいは、物語の面白さが半減する、等々、さまざまな場合があるだろう。しかし、いずれにせよ、そこでは大切な物語が傷ついている。言葉でできあがっている物語は言葉によって容易に脅かされる。

言葉と物語がこのような性質をもっていることにいち早く気づいたのは、家族療法をはじめとする臨床の領域であった。もともと、精神医療や臨床心理の世界では、言葉の力を大切にしてさまざまな療法を工夫し実践してきた。しかし、それらの多くは、言葉の力によって心的状態を変容させるという図式のうえに成り立っていた。家族療法から生まれたナラティヴ・アプローチはこうした図式から離れ、言葉や物語が心的状態を変容させるのではなく、言葉や物語こそが心的状態そのものであり、言葉や物語によって構成されているそうした現実にどのようにしたら揺さぶりをかけて、新たな物語の展開を生み出せるのかについての実践を重ねてきた。

もう一度整理しよう。物語がひとを癒すのは、われわれ自身が物語によってできているからである。われわれ自身が生きる物語が傷つくとき、その傷つきを修復してくれる新たな物語が必要となる。それは簡単に手に入るわけではないが、なんらかの言葉や物語がヒントになって修復される。一方、傷つきというレベルを超えてひとが深い苦しみのなかにあるとき、そこでひとは苦しみの物語に囚われているのではなく、物語が成立しない状態、物語の不在のなかにいる。そのような状態のなかで、ひとつの言葉、ひとつの物語が新たな物語を成立させるヒントを与える。そして、物語が成り立つかもしれないという予感のようなものが動き始める。こうして、癒しの物語が始まる。

言葉は世界をつくる。言葉はわれわれの生きる世界に輪郭と意味を与える。同時に、われわれの生きる世界を簡単には動かし難いものへと変容させる。その動かし難さのなかにわれわれの喜びも苦しみもある。そして、動かし難い苦しみのなかにあるとき、われわれは、癒しの言葉に出会うのを待っている。言葉によって固定された苦しみが、再び言葉によって動き出す。言葉にはこのような力がある。

第二章　社会的現実が立ち上がるとき

ここ数年の私の関心は、さまざまなナラティヴがどのように影響しあい相互作用をしながら「社会的現実」が作られているのかという点にあるのだが、この問いの周辺をうろうろするばかりで、なかなか明快な答えを出せないでいる。その理由はいくつかあるが、そのひとつに、ある「社会的現実」というものをどのように特定できるのかという問題がある。さまざまなナラティヴをつかまえることも難しいが、インタビュー調査や質的研究のさまざまな技法を用いればなんとかできそうである。しかし、それらが重なり合ってできあがっている「社会的現実」はいかにしてつかまえられるのか。まずは、この問題から出発しよう。

1 「社会的現実」はいかにして特定できるか

たとえば、私の身近な例でいえば、「大学がいま直面している問題」という「社会的現実」があるとする。この「社会的現実」はどのようにして特定できるか。A先生は、「大学が法人化して以降、トップダウンの意思決定になったことが問題だ」と言い、B先生は、「競争的圧力が増して、教員が忙しくなりすぎていることが問題だ」と言い、C先生は、「一部に教育も研究も満足にしない教員がいることが問題だ」と言う。どれも、それなりに思い当たることであり、どれかひとつを正解として選ぶことは難しい。では、これらすべてが現実なのだと考えればよいかというと、そうもいかない。A、B、C、三人の意見だけでは不十分で他の多くの先生にも聞いてみなくてはならなくなり、きりがなくなるからである。

このことは、アンケートなどの社会調査をすることにどのような利点があるのかを教えてくれる。ひとは現実をどうとらえているか、そこには、どのようなバリエーションがあり、どのような見方が多数派でどのような見方が少数派なのかを知ることができるのが社会調査の強みだといえる。では、社会調査をすれば社会的現実を特定できるかというと、そうもいえない。Aという意見が多数派だということがわかっても、それは、そのように考えているひとが多いという事実を示すだけで、大学が直面している問題がAであるということを示すわけではない。BやCの意見に賛成のひとは、数がすくないからといって、自らの意見を改めることはないであろう。多数決で何かを決めるときは、そのようなルールだから従うのであって、自らの意見を改めるわけではない。

一歩引いて考えて、「AとBとCという三つの意見が対立していることこそが現実なのだ」というとらえ方もできる。しかし、このとらえ方が、AとBとCという三つの意見よりも「社会的現実」を適切に表しているかというとそうもいえない。たしかにそのようなとらえ方もできるが、だからといって、AとBとCという三つの意見が否定されたり、信憑性が薄らぐわけではないからである。ひとつメタ・ポジションに移動しただけであって、メタ・ポジションが元のポジションより優れているという保証はない。

このように考えると、「社会的現実」を特定することが実はとても難しい作業であることがわかる。さまざまなナラティヴの相互作用というのがある程度把握できたとしても、その相互作用の結果、生まれているはずの「社会的現実」がなかなか特定できない。では、どうすればよいのか。

2 家族療法からの示唆

ここで、家族療法の知見を参考にしてみよう。家族療法はこの問題をどのように扱ってきたか。家族面接において、たとえば、父、母、子の意見がさきほどのAとBとCのように異なっていることはよくあることである。ここで、家族療法家はどうするか。もちろん、多数決で決めるわけにはいかない。三つの意見が対立していますねとメタ・ポジションからコメントすることはできるが、当の家族はそんなことは百も承知だろうから、そう言っただけでは何も始まらない。ここから先は、家族療法の「流派」によってやり方が異なってくる。

ひとつのやり方は、それぞれの意見を詳しく聞くことである。たとえば、「無知の姿勢」に徹して、とにかく、そのひとの考えていることや生きている世界について、思う存分語ってもらうこと、そうすることで、それぞれの意見とその背景がより立体的に見えてくる。そうすると、いままでの意見の対立がより表面的なものに見えてきて、いままでは気づかなかった対立点が見えてきたりする。要するに、対立という図式的な理解が、どうして対立に至ったのかという物語的な理解に変化するということがありうるであろう。

あるいは、「問題の外在化」という手もある。いままでは、対立する意見のどれが正しいかをめぐって争い、葛藤してきたのだが、そういう正解探しをやめるという方法である。どれが正解なのかを探すのではなく、この「問題」に直面してから自分たちはどうなってしまったのか、問題の「原因」ではなく「結果」に目を向けてみる。すると、「問題」に共同して立ち向かうという新たな物語が浮上してくることがある。

以上の二つの例からわかるのは、家族療法家は、まさしく、「社会的現実とは何か」を特定することを手伝っているということである。さまざまな主観的現実があって相互に対立しているときに、そのやり方は違っても、ひとつの共有できる「社会的現実」を作っていく。ここで重要なことは、その「社会的現実」が「正解」であるかどうかは問わないという点である。「正解」かどうかではなく、家族メンバーにとって納得できるものであるかどうかが重要である。いくら「正解」を振りかざしても、家族が納得しなければ意味はない。

家族メンバーがひとつの「社会的現実」を共有していくこと、ナラティヴ・セラピー以後の家族療法はこのことをさまざまな角度から探求してきたといえる。ただし、ひとつの「社会的現実」を共有すればすべてうまくいくかといえば、ことはそれほど単純ではない。出口の見えない閉塞的な現実を共有すれば、事態はさらに深刻化するだけであろう。しかし、なんらかの「社会的現実」を共有しないことにはそもそも家族の共同作業が始まらない。「社会的現実」の共有は、共同作業の出発点となるのである。

ここで、再び、最初の問いに戻ろう。「社会的現実はいかにして特定できるか」という問いである。「大学の直面する問題」という社会的現実を特定しようとするとなかなか特定できない。しかし、家族療法の知見に従うならば、「社会的現実」は外部から観察して特定すべきものではなく、共同で構成すべきものであることがわかる。乱暴な言い方をすれば、探そうとしても見つからないならば、作ってしまえばよい。ただし、勝手に作ることはできない。それなりの手間暇をかけて、一緒に構成していくしかない。

では、どのようにすれば、現実の共同構成ができるのか。私たちは、よく会議などの場面で、なかなか問題意識が共有されずにイライラを感じたりする。議論の結果、結局は物別れに終わったり、無理矢理、多数決で決めたりしてなんとか処理している。では、そうではなく、何かが共有される場合、そこで何が起こっているのか。事例を紹介しよう。

3　ある講習の場面で

先日、私の大学でおこなわれている教員免許状更新講習で、私は、「物語としての社会——ナラティヴ・アプローチ入門」というテーマで、一日計六時間の講習をおこなった。そのなかで、一方的に講義ばかりしていてもつまらないので、五〇人ほどの受講生を八つのグループに分けてグループ・ディスカッションをしてもらった。受講生は、小学校、中学校、高校、特別支援学校などの現職教員で、年齢も三〇代から五〇代までさまざまである。テーマは次の二つのうちどちらか、または、両方でもよいことにした。

(a)　学校現場でよく語られる物語はどういう物語か?

(b)　現在の職場が抱えている問題をどのような物語として語れるか?

三〇分ほどのディスカッションの後、各グループごとに議論の概要を報告してもらった。すると、全体によく似たような話が出てきた。それを大雑把にまとめると、次のようなものだった。

①成果主義が蔓延し、目に見える成果、数値化できる成果が求められ、その成果を出すことに追われて、本来、おこなうべき教育がおろそかになっている。
②若手の教員が失敗を恐れて多くを語らない。世代間のコミュニケーションがとりにくく、物語を語り会う場、語り継ぐ場がない。
③目標となるような物語がない。現場の実態を無視した物語が上から降りてきて、管理職もそれに振り回されている。
④あるクラスが学級崩壊になったときに職員室がひとつになったことはあるが、それ以外は教員同士バラバラな感じがする。
⑤語りあうとしても、いつも愚痴で終わってしまい、その次に行かない。

これらの話を聞いた後、私は、次のような感想を述べた。

今日、初めて出会った教員同士の語りあいのなかで、このようによく似た話が出てくるここと自体がまず驚きである。全体に、成果主義に追われて忙しく、物語を語りあう余裕がないことが伝わってくる。教員間のコミュニケーションがうまくとれておらず、教員ひとりひとりがバラバラにされているようにも感じる。また、こうした状況はおかしいと思いながらも打開策が見つからず、敵が大きすぎてどうしようもないという無力感のようなものも伝わってくる。

ただ、そうではない話も印象的だった。あるクラスが学級崩壊になったときに職員室がひとつになったという話である。これはさきほどの講義の「スニーキー・プー」のところで紹介した「ユニークな結果」そのものではないだろうか？　日々の現場では成果主義的な圧力にさらされて無力感が漂っている。しかし、そうではなく、教員同士がひとつになって問題に立ち向かうこともある。だとすれば、「成果主義に追われて無力感にさらされ、打開策が見えない」というお話こそが、まさしく「ドミナント・ストーリー」なのではないか？　「敵が大きすぎてどうしようもない」と信じ込んでいることこそが「ドミナント・ストーリー」の罠なのではないか？　「ユニークな結果」を丹念に拾い集めていけば、新たな「オルタナティブ・ストーリー」が見えてくるのではないか？

その後、いくつかのやりとりがあったのだが、講義後の感想文には次のようなものがあった。

ここ二十数年間にわたり続ける職場の悩み、問題というものに対して、日頃の私ならば、「どうせ変わらない」の一言でかたづけて、胸の奥のどこかにしまいこんで終わらせていたものが、皆さんの物語り、そして共感・共鳴の後、気が晴れただけでなく、何かしら説明しがたい「希望」という気持ちが、ひょっこり突然湧きあがってきました。否定的にとらえてばかりいた自分の気持ちが、「希望」を見出そうとする気持ちに変わったことは自分ながら驚いています。

また、次のような感想もあった。

グループ・ディスカッションに対する先生への質問で、管理職による数値化の押しつけに対抗する方法ということが出ていたが、それに対する先生の回答が私には大変興味深かった。確かに愚痴ばかりで情けなさをもっていたが、私は実はこの愚痴をほとんどの教員に漏らし、ほとんど全員がこの数値化に対して疑問と矛盾を感じていることに合意を得ていたことを思い出したのだ。まさに、「解決せずに解消する」である。これが第一歩になるとは思いもしなかったが、まさに「勇気」をいただいた思いである。

4　「社会的現実」の構成

講習という場面は面白い場面である。まったく見ず知らずの人たちがある日ある場所に集まり、同じ話を聞く。そして、今回の場合のように、同じ職業のひとが集まれば、共通の話題がすぐに見つかる。しかも、同じ職場のひとではないので、妙な気遣いをせずに言いたいことが言いやすい。紹介した事例は、そうした特殊な状況のなかで生じた出来事ではあるが、ここでは確かにひとつの「社会的現実」が構成され共有されていたように思う。なぜ、そういえるのか、そのプロセスを追ってみよう。

①グループ・ディスカッションの最初のうちは、それぞれが自分の学校の物語を思い思いに語っている。共鳴する話もあればそうでもない話もあるという段階である。
②次に、各グループの代表に話の内容を報告してもらうところで、すこし、まとめの作業が加わってくる。また、他のグループの報告との共通点や相違点も見えてくる。
③講師が感想を述べる。ここで、かなり大胆に共通のテーマらしきものが示される。
④それに対して質問や意見が出る。それらのやりとりを通して、ひとつの「社会的現実」が共有される。

今回の場合は、グループ・ディスカッションを始める前の講義で、ナラティヴ・アプローチの考え方が解説され、「ユニークな結果」、「ドミナント・ストーリー」、「解決せずに解消する」、「無知の姿勢」などの概念を学んだばかりという状況があり、それらの概念を具体的な事例にあてはめることで、学校現場で直面している「社会的現実」が参加者に共有されたといえるだろう。もちろん、参加者全員に共有されたかと問われれば全員とはいえないだろう。しかし、すくなくとも、多くのひとに共有されたとはいえそうである。ここで重要なのは、数の問題ではなく、ある時ある場面でひとつの「社会的現実」がたとえ一瞬であっても複数のひとびとに共有されたという事実である。

社会調査で多数派の意見が何なのかがわかるのとは異なり、ひとつの現実が共有されたからこそ生じた相互作用が確認できたという点が重要である。

以上の展開から学ぶべき点は二つある。ひとつは、まさしく「言葉は世界をつくる」ということである。さまざまな物語が語られるなかで、その共通点を見出し、それを別の言葉で表現することで、ひとつの世界が形作られた。この例では、「無力感のドミナント・ストーリーに支配されている」という「言葉」が、参加者に共通の「社会的現実」を実感させたといえる。

もうひとつは、その「社会的現実」にはさまざまな「ユニークな結果」が含まれており、決して一枚岩ではなく、対抗可能であるという点である。感想文にあった「希望」や「勇気」という言葉がそのことを示している。いままで気づかなかった前提が見えてきて、その前提には実はほころびもあることが同時に見えてくるとき、ひとは「希望」や「勇気」を感じるのかもしれない。

さまざまな物語に共通するドミナント・ストーリーを発見することが、「社会的現実」の構成のきっかけになる。単なる話の共通点ではなく、それぞれの話の暗黙の前提となっているもの、それこそがドミナント・ストーリーである。それを発見するためには、皆が一堂に会してそれぞれの物語を語らなければならない。対立する意見、一見関係のない意見や物語を雑多に並べてみて、それらの前提となっているドミナント・ストーリーを発見すること、そこから共通の「社会的現実」が立ち上がる。そして、ドミナント・ストーリーが発見されるとき、同時にオルタナティブ・ストーリーも見えてくる。この瞬間こそが、ナラティヴ・アプローチにとってもっともスリリングな瞬間といえるかもしれない。

「社会的現実」はそれが構成される場面に立ち会えればつかまえることができる。今回の事例はそのことを示している。逆にいえば、「社会的現実」が特定できないときというのは、ひとつの「社会的現実」の構成に向けての作業がまだ不十分な状態といえる。それぞれの個人的現実が並立して、それらは相互に影響し合ってはいるのだが、共通の前提のようなものがまだ見えておらず、そこにひとつの言葉が与えられていない状態である。しかし、ひとつの言葉を手に入れたとき、「社会的現実」はわれわれの前に確かに存在するようになる。言葉は世界をつくる。これがいま、私の考えている「社会的現実」のつかまえ方である。

第三章　「読み」の多様性をめぐって
――ナラティヴ・アプローチの視点から

　社会学をはじめとする社会科学の領域や臨床科学の領域では、九〇年代から「物語論的転回」が起こり、「ナラティヴ」をキーワードとする多くの理論的実践的試みがおこなわれてきた。なかでも、社会構成主義に基づくナラティヴ・アプローチは、ポストモダニズムに強く影響されながらもニヒリズムへと向かうのではなく、むしろ現実の相対性を積極的に活用する実践理論として進化を続けている。

「ポスト・ポストモダンと文学教育の課題」というテーマの背景には、「作者の死」の宣告にもかかわらず、「正解」を想定せざるをえない国語教育の現状、つまり、「読み」の多様性と一義性をめぐる問題があるという。しかし、ポストモダニズムを「記号の戯れ」や「ニヒリズム」に矮小化する必要はない。記号や差異の恣意性を認めたうえで、それでもなお、われわれは「物語」を必要としていること、社会は「物語」という形式なしには存立しえないことに目を向けるべきであろう。ナラティヴ・アプローチはそこから出発する。

こうした視点に立つとき、「読み」の多様性という問題はどのように理解することができるか。また、そうした理解は国語教育にどのような視点をもたらすのか。この問題を検討するうえで、まずは社会構成主義とナラティヴ・アプローチの基本概念を確認しておこう。

1　社会構成主義とナラティヴ・アプローチ

(1) 社会構成主義

社会構成主義（social constructionism）は、われわれが生きる現実が言葉を介した人々の共同作業によって成り立っているという認識から出発する。すなわち、「言葉は世界をつくる」。いわゆる「言語論的転回」をふまえて、それを社会現象全般に応用したのが社会構成主義であるといえる。ただし、ここで注意が必要なのは、現実が言葉だけで成り立っているのではない点である。最初に述べたように、「ひとびとの共同作業によって」それは成り立っている。社会構成主義の「社会」（social）はこの部分を指しており、「言語構成主義」ではなく「社会構成主義」と呼ばれる由縁である。

こうした考え方は、いわゆる「本質主義」の考え方と鋭く対立する。ある現象の「本質」を探るのではなく、ある現象はひとびとの共同作業によってどのように構成されているかが問われるべき課題となる。たとえば、「自己」の本質を探るのではなく、「自己」という現象は「自己」をめぐるさまざまな言葉によってどのように形作られているか、また、ひとびとのどのような関係によってそれが補強されたり変形されたりするのかが問われることになる（野口、2005）。

（2）ナラティヴ・アプローチ

こうした社会構成主義の流れに強く影響されながら主に臨床の領域で実践的に発展してきたのが、ナラティヴ・アプローチである。ナラティヴ・アプローチ（narrative approach）は、「ナラティヴ（語り、物語）」という概念を手がかりに現象に迫る方法の総称である。「ナラティヴ」そのものを研究対象とする文学領域とは異なり、なんらかの現象を理解するために、そこに見られるナラティヴに着目する。したがって、ナラティヴの構造よりも機能の分析に重点が置かれる。あるナラティヴはある社会現象を成り立たせるうえでどのような機能を担っているか、また、あるナラティヴがある社会で強い影響力をもつのはなぜか、どうしたらいまわれわれを呪縛しているナラティヴの支配から脱して、新しい現実を生きることができるかといった課題が検討される。

ナラティヴ・アプローチが展開する領域は幅広い。医学、看護学、臨床心理学、社会福祉学などの臨床領域だけでなく、法学、政治学、経営学、倫理学などの領域でも取り入れられている。たとえば、法学では、裁判のプロセスを対立する物語の衝突と変形のプロセスとして理解することができるし、政治学では、民族間の紛争を同様に理解することができる。また、経営学では職場でよく語られる物語、逆に、語りたいのに語れない物語などに注目しながら組織の動きを分析することができる。このように、ナラティヴ・アプローチは、ナラティヴのあるところならばどこでも適用可能であり、社会現象全般を射程に入れることができる（野口、2009）。

（3）ナラティヴ・セラピー

ナラティヴ・セラピー（narrative therapy）は家族療法の領域で九〇年代に始まった新しい臨床実践の方法である。そこにはいくつかの斬新な実践があり、当初、それらを総称して、ナラティヴ・セラピーと呼ばれていた。現在では、総称するときはナラティヴ・アプローチという用語が使われることが多くなっているが、ここでは当初の意味で用いる。ナラティヴ・セラピーには、「問題の外在化」、「無知の姿勢」、「リフレクティング・チーム」など興味深い実践が含まれるが、ここでは、アンダーソンとグーリシャンによる「無知の姿勢」を紹介しておこう。

アンダーソンらは、「問題は言語の世界のなかに存在する」と考える。「問題」をめぐる会話が「問題」をよりリアルなものにしていく。「問題」をめぐる会話の占める割合が減っていけば、その分「問題」は後景へ退いていく。つまり、「解決はしないが解消する」。会話こそが「問題」を「問題」たらしめると同時に、「問題」を「問題」でなくする力をもっている。アンダーソンらはこうした考え方を実践するために「無知の姿勢」を大切にする。専門家が患者の生きる世界について

「無知」であることを認め、一段上のポジションから問題を診断したり治療したりするのではなく、「会話のパートナー」となる。そうすることで、「いまだ語られなかった物語」が語られ、それが新しい物語を生み、新しい生き方へとつながる。ナラティヴを語り、聴き、語り直すことによって、問題を解決せずに解消するのである（野口、2002）。

2　ナラティヴの社会的機能

次に、ナラティヴが社会のなかで果たす役割および機能についてみておこう。

（1）現実の組織化作用と制約作用

ナラティヴは混沌とした現実にまとまりと輪郭を与える。たとえば、何か不可解な事件が起きたとき、われわれは、一体、そこで何が起こったのかを知りたくなる。そして、いくつかの出来事がうまくつながってひとつの物語ができたとき、われわれは事態を理解したと感じる。逆に、どうしてそのような結果に至ったのかの物語が見えないとき、事態は謎に包まれたままになる。つまり、われわれは現実を物語として理解している。このように現実は無数の物語によって組織化されている。一方で、このようにして一旦組織化された現実は、簡単には動かし難いものとして存在するようになる。つまり、現実を制約する。たとえば、歴史という物語は国家の方向性を左右するような強力な力をもっているし、自己の人生物語をどのように描くかによってその後の人生のあり様は変わってくる。一旦組織化された現実は強固であり、そこから抜け出すことは容易ではないが、ふとしたきっかけから新たな現実が見えてくることがある。ナラティヴ・アプローチはそうしたきっかけに着目する。

(2) ドミナント・ストーリーとオルタナティブ・ストーリー

ドミナント・ストーリーとは、ある現実を支配している物語であり、疑う余地のないものとして存在している強固な物語を指す。たとえば、フェミニズムが登場するまで、男女不平等は疑う必要のないドミナント・ストーリーとして存在していたし、障害者差別や性的マイノリティに対する差別もある時期までは当然のこととして社会を支配していた。こうしたドミナント・ストーリーを発見し相対化することによって、新たなオルタナティブ・ストーリーが生まれる。また、個人的レベルでもドミナント・ストーリーは存在する。精神的な問題や症状が発見されたらその原因を究明して対処すれば解決に向かうという物語は、通常、疑う余地のないものとして認識されている。しかし、さきほど紹介した「無知の姿勢」のように、問題は解決しないが解消する場合もある。なんらかの文脈が変わることで、それまで問題として感じられていたことが問題とは感じられなくなることがある。この場合、逆に、問題を解決しようとする努力こそが、問題の問題性をより重くしている。

（3）セオリーとナラティヴ

ナラティヴの特徴はその対極にあるものと比較することによってよりよく理解できる。ナラティヴと対極的な位置にある言語形式はセオリーである。ナラティヴは「偶然性」、「個別性」、「意外性」を特徴とするのに対し、セオリーは「必然性」、「一般性」、「法則性」を特徴とする。ナラティヴは個別具体的な出来事の連鎖によって成り立っている。「昔々あるところに……」という具合に、それはある特定の時と場所で起きた特定の出来事を語ることによって成り立つ。そして、それをあえて語りたくなるのは、そこに普通とは異なるなんらかの「意外性」があるからである。これに対して、セオリーは、そうした特定の時空を超えて普遍的、一般的に成り立つ法則ないしは原理に関する言明であり、近代科学の発展とともに大量に生産されるようになったものである。このように考えると、われわれが生きる現実は、ナラティヴとセオリーという二つの言語形式によって成り立っていることに気づく。また、近代科学の発達とともに、セオリーの社会的影響力が増し、ナラティヴは相対的にその影響力を弱めてきたことにも気づかされる。こうした状況のなかで、あらためて、ナラティヴのもつ大きな力を再発見したのがナラティヴ・アプローチである。

（4）セルフ・ナラティヴ（自己物語）による自己の構成

自己は物語の形をして存在しているというのが、ナラティヴ・アプローチから導かれる自己論である。「自分とは何か」という問いに答えようとすると、自分がいままでどのように生きてきたかという「自己物語」を語らざるをえない。このとき、「自己」は「自己物語」として存在している。自己物語が物語としての一貫性を得られないとき、自己の輪郭はぼやけ不安定になる。自己物語が自分の経験をうまく反映していないと感じられるときは息苦しさや生きづらさを感じる。したがって、自己物語をうまく書き換えることができれば生きづらさから脱出することが可能になる。もちろん、その書き換えは容易ではない。それは当然自分がこれまでしてきた「経験」に制約されるので、自由に都合のよい物語に書き換えられるわけではない。しかし、同じ「経験」でも文脈が変われぱまったく別の意味を帯びて輝き始めることがある。逆に輝かしい経験だと思っていたものが突然その輝きを失うこともある。自己物語はこのような多様な書き換えの可能性に開かれている。

3 「読み」の機能

以上、ナラティヴ・アプローチの基本的考え方について紹介してきた。では、こうした視点は文学教育の課題、国語教育の課題にどのような示唆をもたらすか。この問題を考えるうえで、まずは筆者が抱いた素朴な疑問から出発したい。

田中実は「読み」の重要な機能として「自己倒壊」をあげている(田中、2012)。ここで、「自己倒壊とは何か」という厳密な定義論をおこなうことは専門外の筆者の能力を超える。そこで、「読み手の意識や世界観の倒壊と自己変容」という意味あいをここでの暫定的な定義として議論を進めたい。

　ここでまず抱かざるをえない素朴な疑問は「読み」の機能ないし意義は「自己倒壊」にのみあるのかということである。経験的に考えてみて、「読み」の機能は他にもいくつか考えられる。

　その第一は、「自己の偏りや他者との違いに気づき、多様な他者を「承認」すること」である。読み手の知らなかった世界にふれ、自己の偏りや他者との違いが明らかになる。読み手の世界観は揺らぐかもしれないが「倒壊」するわけではない。むしろ、視野が広がるというほうが近い。そして、そこで出会った「他者」を承認する。そのような「他者」が存在することを認め、その存在を尊重する。このような「読み」は経験的に決して珍しいことではないと思われるが、「自己倒壊」を「読み」の要件のように考えてしまうと、このような「読み」は排除されてしまう。

　第二は、「自分の生き方や考え方が間違いではなかったと思い、自己を「補強」すること」である。物語の登場人物の生き方に自分を重ね合わせ、やはりこれでよかったのだと思い、これからも頑張ろうと勇気づけられることがある。この場合、自己は「倒壊」するどころか、「補強」されている。われわれが文学に接するとき、このような「読み」は真正な「読み」ではないと言われてしまうとしたら、それは読書の楽しみのひとつを奪われることになるであろう。

　第三は、「忘れていた感覚を思い出させて、自己を「再発見」すること」である。これも経験的によくあることで、少年の頃の瑞々しい感覚や青年の頃の真っ直ぐな感覚など忘れていた感覚を読書によって思い出させられた経験は多くの人にあるはずである。ここでも、自己は「倒壊」するわけではなく「再発見」されるだけである。さきほどの議論でいえば、「自己物語」のうちの忘れていた部分に光が当たって輝き出すのだが、「自己物語」が大きく書き換わるわけではない。

このように、「読み」には現実にさまざまな場合がありうる。にもかかわらず、ひとつの「読み」だけを「真正」なものとしてしまうと、それ以外の読みは「真正」ではないということになってしまう。「読み」における「自己倒壊」を強調する議論は、「読み」の多様な可能性を切り詰めてしまう危険性があるのではないか。もちろん、「自己倒壊」をもたらすような「読み」があることはまったく否定しない。しかし、それは果たして「読み」において絶対的要件となりうるのだろうか。

さらに、この問題はもうひとつの厄介な問題をもたらす。「自己倒壊」が生じないとき、それは「読み手」の問題なのか、それとも「作品」の問題なのかという問題である。この判定はどうすればできるのだろうか。結局のところ、この決着もまた、なんらかの「解釈共同体」のなかでおこなう以外に手はないのではないか。そんな疑問も湧いてくる。

もうひとつ、ナラティヴ・セラピーと「自己倒壊」の関係についてもふれておこう。さきほど紹介したようにナラティヴ・セラピーでは、ドミナント・ストーリーからオルタナティブ・ストーリーへの書き換えが支援される。この場合、それまでの自己物語が倒壊して新たな物語が生まれるといってよい。しかし、そのような場合だけではなく、「自己物語」がうまく物語としてまとまらない、物語の体をなさないことが問題となるような場合もすくなくない（本書第一章）。この場合、「混沌の語り」を「ひとつの物語」にまとめていくことが支援の焦点となる。すなわち、自己の

「倒壊」ではなく「構築」である。文学もまた、「倒壊」だけでなくこのような「構築」の機能も果たしてきたのではないだろうか。

4 ナラティヴ・アプローチと文学教育

「読み」の機能をこのように広く考えるとき、文学教育に求められるのは、むしろ、「読み」の多様性を教えることにあるといえるのではないだろうか。経験的に考えてみても、いくつかの「読み」が現実に存在する。「一般的な読み」、「深読み」、「ちょっと変わった読み」、「独創的な読み」、そして、「明らかな誤読」等々である。「読み」のアナーキズムは原理的にはそのとおりだが、現実には上のようないくつかの類型的な「読み」が解釈共同体のなかに見出される。むしろ、原理的にはアナーキーであるはずなのに現実はそうなっていないのはなぜかを問うべきではないか。

社会構成主義の視点から見えてくるのは、「読み」の「多義性」でも「一義性」でもなく、「現実的な複数性」である。「読み」にひとつの正解を求めることは論理的に不可能であり、また、何でもありのアナーキズムは論理的には正しいが現実と一致しない。現実に存在するのはいくつかの類型的な「読み」である。筆者自身、高校までの国語教育に感謝しているのは、このような意味での「一般的な読み」を教えてもらったことである。それが唯一の正解というわけではないが、一般的にはこのような「読み」がなされているという社会的現実を教えてもらったと思っている。この

「一般的な読み」という基準を知ることで「独創的な読み」も可能になる。「一般」がわからなければ「独創」もありえない。

こうした視点に立つと、「文学」と「読み」はそれ自体、社会を構成する重要な要素であることに気づく。たとえば、ある作品がある時代に生まれ、そのとき、ひとびとはある「読み方」をしていた。その作品はいまも読み継がれているが、ひとびとの「読み方」はかつてとは変わっているという場合がある。「一般的な読み」は時代の産物であり時代とともに変わりうる。もちろん、時代を超えて変わらない場合もある。しかし、いずれにせよ、ある「作品」があり、ある「読み」があるということそれ自体がまさにある時代や社会を構成している。ある時代の「一般的な読み」が「別の読み」にとって代わられる過程こそが、社会の変化、時代の変化を表している。したがって、「一般的な読み」は常に時代との緊張関係をはらむもの、現在という文脈が生み出すものとして理解される必要がある。

社会構成主義は、ポストモダニズムの影響を強く受けながらも、アナーキズムへと向かうのではなく、むしろ、そうした現実の相対性を現実の可変性と捉え直して、それを積極的に活用する方向へと向かった。唯一の正解はないが、だからといって、何でもありなのではなく、現実は限られた複数性でできあがっている。だとすれば、いまよりもすこしでもましな現実を共同で構成する方向に賭けるというのが社会構成主義の基本的なスタンスである。その際、文学は、われわれの想像力を広げ、より魅力的な世界へと至る物語を構想するための重要な資源となるはずである。

この意味で、文学教育はこれまでも重要な役割を果たしてきたのではないだろうか。それは、さまざまな物語の形式にふれ、生き方のレパートリーを増やすこと、意味が生成するさまざまな場面に関する想像力を豊かにすること、そして、人生という「正解」のないものと向き合うとき「物語」という形式が大きな支えになることを教えてきたはずである。人生も社会も「物語」という形式なしには存立しない。「物語」のもつこうした強大な力を伝えることが文学教育の重要な役割のひとつであろう。「物語」はいま、文学以外の領域、とりわけ臨床の領域で熱い視線を集めている（コンパニョン、2012）。それは、われわれがいまセオリーでは解けない数多くの問題に直面しており、ナラティヴのもつ力が再発見されていることを意味している。このこともまた文学教育が担うべき重要な課題を示唆しているように思われる。

II　物語と社会

第四章　現代社会へのナラティヴ・アプローチ

1　社会的現実とナラティヴ

社会学が研究対象とする社会的現実はいかにして成り立っているのか。この社会学の原問題ともいえる問いに対してはこれまでさまざまな回答がなされてきた。そうした回答のうちのひとつが、バーガーとルックマン（1966）に始まり、ガーゲン（1994, 1999）によって洗練された社会構成主義である。その考え方を一言で言えば、「現実は言語的かつ社会的に構成される」ということになる。ここでいう「社会的に」とは、「ひとびとの共同作業によって」という意味である。あるひとがある事態をある言語で表現しただけでは社会的現実は成り立たない。その言語がひとびとの間でやりとりされるなかで社会的現実は構成されていく。

社会的現実の構成をこのように考えるとき、次なる関心は、「ひとびとの共同作業のありよう」

は一体どうなっているのかということになるが、これについても、さまざまな検討が重ねられてきた。たとえば、ガーフィンケル（1967）は、ひとびとの共同作業を故意に阻害する実験（違背実験）をおこなって、共同作業が成り立つ前提条件を明らかにした。また、スペクターとキツセ（1977）は、ひとびとのクレーム申し立てという行為の積み重ねが「社会問題」を構築していく過程を描き出した。こうして、われわれは「ひとびとの共同作業のありよう」についての理解を深めてきた。

一方、「言語のありよう」についての関心も、さまざまなかたちで検討されてきた。その先駆けとなったのは、フーコーによる一連の研究である。フーコー（1980）は、言語や知識がもつ権力作用という問題圏を示して、その後の多くの社会学的研究を刺激した。また、この発想は臨床の分野にも波及して、臨床的問題を専門知や日常知に内在する権力作用の効果として理解する視点を生み出し、そうした作用を無効にするためのさまざまな工夫がナラティヴ・セラピーとして結実した。こうして、ナラティヴという言語形式が現実を構成するうえできわめて重要な役割を果たすことが明らかとなったのである（野口、2002, 2005）。

ナラティヴという形式は現実を構成するうえで大きな役割を果たす。この知見を臨床領域にとどめずに、より広範な社会状況に当てはめて、現代社会の成り立ちを検討することはできないか。これが本章で問おうとする問題である。社会的現実は言語的かつ社会的に構成される。そうした現実構成のありようを、ナラティヴというひとつの言語形式に着目して検討すること、それがナラティヴ・アプローチの固有の課題となる（野口、2009）。とはいえ、この実証的検討には困難が伴う。臨床の限られた場面とは異なり、より広範な社会状況で観察されるナラティヴは無数にある。そのなかからどのようにして特定のナラティヴを選び出せばよいのかという問題が浮上する。

この問題を解決するためにはなんらかの選択基準を設定する必要があるが、その基準の設定もまた容易ではない。おそらく、こうした方法的困難ゆえに、この問題はこれまで十分に検討されてこなかったわけだが、本章では次のような方針を採用する。現代社会に特徴的なナラティヴを探るための準備作業として、現代社会学の有力な理論を参照し、その理論から導かれるナラティヴの特徴を検討する。ここで取り上げる有力な理論とは、①個人化の理論、②リスク社会の理論 ③当事者性の理論の三つである。これら三つの理論がもっとも有力かどうかは意見が分かれるだろうが、すくなくとも、これらが近年参照されることの多い理論であることは確かであろう。現代社会学の論点として参照されることの多いこれらの理論を事例として、これらが描き出す社会的現実とそこで語られるナラティヴとの関係を検討する。これらの特徴的な社会的現実はどのようなナラティヴを生み出しているのか。あるいは逆に、どのようなナラティヴがこれらの社会的現実に影響しているのか。これらが本章で問われるべき課題となる。

この問題を検討するにあたり、まず、ナラティヴという言語形式の一般的特徴について確認しておくことにしよう。ナラティヴは、複数の出来事を時間軸上に配列することで成り立つひとつの言語形式である。それは、セオリーという言語形式と対照をなす。セオリーは、特定の時間と空間を超えて一般的に成り立つ要素と要素の関係についての言明である。これに対して、ナラティヴは特定の時間と場所で起こった具体的出来事の連鎖についての言明で一般性を持たない。この一般性をもつかどうかがナラティヴとセオリーを分ける重要な基準である。ナラティヴはあくまで個別性のうえに成立し、セオリーは一般性の上に成立する（野口、2002）。

ただし、ナラティヴから一般性を感じ取ることは受け取る側の自由である。ある個人の人生物語から人生一般に通じる原理や法則のようなものを感じ取ることは決して珍しいことではない。また、聖書に書いてあることはほとんどすべてナラティヴなのだが、人はそこから重要なセオリーを読み取る。ナラティヴとセオリーはこのように形式上はまったく別の言語形式として区別できるが、ひとびとがそれをどう受け取るかについては、同様の効果をもつ場合がある。このことをまず確認しておこう。

もうひとつ確認しておきたいのは、ナラティヴのもつ二つの作用、「現実組織化作用」と「現実制約作用」である（野口、2002）。われわれは、何か不可解な出来事に遭遇したときに、なぜそのような出来事が起きたのかを知りたいと思う。そして、それがひとつの物語として理解できたとき、事態を理解したと感じる。すなわち、ナラティヴは現実を組織化し、混沌とした現実、不可解な現実を理解可能なものに変える。同時に、この組織化は、他の組織化の仕方を排除して、ひとつの現実を「至高の現実」として感じさせる。すなわち、ナラティヴは現実を制約する。ナラティヴは現実に輪郭を与えて安定化させると同時に、その現実を動かし難いものにする。われわれの意味世界はナラティヴのこうした作用に大きく影響されながら構成されている。以上のことを確認したうえで、現代社会のナラティヴについての検討に移ろう。

2　個人化社会のナラティヴ

ベック（1986）、バウマン（2000, 2001）らによって主張されてきた社会の個人化は、近代社会が生み出したさまざまな共同性が崩壊していく過程として定義できる（野口、2005）。近代は、「自由」の理念のもと前近代のさまざまな共同性の契機を破壊して、相対的に自由度の高い社会を生み出したが、同時に、近代特有の新しい共同性を生み出した。近代家族、会社組織をはじめ、その他、諸々のアソシエーションがそれである。これらは自由な個人に安定性を与える新たな受け皿として機能して社会の統合に寄与してきたが、これら近代型の共同性が崩壊していく過程が個人化である。個人化の進行は、身近なところでは、非婚化や晩婚化の進行という事態、あるいは、非正規雇用の増大と雇用の流動化といった事態からも実感される。いずれも、それまで確固とした制度に見えていたものが選択の対象になり、選択性が増大する分、制度としての安定性が低下していく過程としてとらえることができる。

では、このような事態はどのようなナラティヴを生み出すか。バウマン（2001）は次のように述べる。

現代において語られる物語の際立った特徴は、それが個人の人生を分節化／節合する際、個人の運命と、社会全体が動く仕方や方法を結びつけているつながりを突き止める可能性を排除したり、抑圧したりしている。

ここで述べられているのは、人生物語とそれが語られる前提条件の結びつきが断たれているということである。かつて、「社会全体が動く仕方や方法」について有力と思える理論が存在した時代があった。自由主義と社会主義の対立はそれをもっとも明確に示す判断軸だったし、戦争国家と平和国家という対立もまたとりわけ戦後日本社会においては大きな判断軸として機能した。しかし、いま、そのような明確なメッセージをもった判断軸は見当たらない。という意味では、いま、われわれは、「社会全体が動く仕方や方法」との明確な結びつきなしに、自分の人生を形作り、そして、語らざるをえない状況に置かれているといえる。バウマンが個人化の議論を始めたのが九〇年代後半であり、冷戦崩壊後の時代であることをふまえればこのことはよりよく理解できるであろう。

では、それからさらに一〇年以上が経過した現在の状況はどうか。個人化の傾向はその後も着実に進んでいるといえる。かつて、「社会全体が動く仕方や方法」とセットで自己が語られた時代があったことをすっかり忘れてしまうほどに、現代の自己物語は「社会全体が動く仕方や方法」と無関係に語られている。もちろん、われわれは自分の人生を語る際に、自分が置かれた境遇や社会環境について語ることはできる。しかし、そこで語られる境遇や環境は多くの場合、個別的な家族や地域の状況であって、どこまでが個別的でどこからが社会状況として一般的なのかは区別が難しい。また、それらはあくまで個人が置かれた社会状況にすぎず、「社会全体が動く仕方や方法」について述べるものではない。

以上からわかるのは、個人化の時代は、システムとしての個人化にとどまらずに、ひとびとの物語も個人化するという点である。バウマン（2001）は次のように述べる。

前提条件、そして物語という二つの次元は、同じように、容赦ない個人化の過程に曝されている。

そのような状況の下では、人生を営むことは、システムの矛盾を個々人の人生において解決していく営みとなる。

ここでいわゆる「自己責任論」という言葉が思い浮かぶかもしれないが、ナラティヴの特徴として重要なのはそこではない。かつては、「社会全体が動く仕方や方法」という有力なセオリーが存在し、そのセオリーを参照しながら自らのナラティヴを作ることができた。その意味では、かつてのナラティヴはセオリーに賛同するにせよ反発するにせよ、セオリーに刺激されて生み出されていた。しかし、現在は、参照できる有力なセオリーはなく、セオリーの刺激なしにナラティヴが作られている。あるいは、なんらかのセオリーを参照する場合でも、その選択はあくまで個人的であり、どのセオリーを選択するかという行為を含めてナラティヴは個人化している。バウマンのいう「前提条件」とは、正確にいえば「前提条件に関するセオリー」であったといえる。

これに関連してもう一点指摘しておかなければならないのは、「規範」との結びつきである。ナラティヴは一般になんらかの規範を伝える機能をもっている。このことは、さまざまな神話や民話、寓話などを思い浮かべれば明らかであろう。たとえば、「うさぎとかめ」の物語は、下手なお説教よりもはるかに雄弁に「勤勉であることの大切さ」を教えてくれる。「社会全体が動く仕方や方法」と結びついたナラティヴは、その仕方や方法がどのようなものであれ、「社会をよりよくすべきである」という規範を暗黙のうちに表現していたといえる。そこで語られる物語は、「社会をよりよくすること」に関して、自分の人生がどう関わり、どう貢献したのかという主題を暗黙のモチーフにして成立する。しかし、そのような結びつきを失った物語は、そうした規範的メッセージを発することができない。もちろん、なんらかの規範的メッセージをそこに込めることはできる。しかし、どのような規範を含ませるかはまたもや個人の選択に委ねられている。そこでは、規範は選択されるべきものとして存在している。個人化時代のナラティヴは、規範的機能においても個人化された形態をとらざるをえないことがわかる。

社会の個人化はナラティヴの個人化を帰結する。と同時に、個人化されたナラティヴの噴出が、社会の個人化をさらに推し進める。セオリーを欠いたナラティヴ、ある意味で純粋なナラティヴ、徹頭徹尾、個人の選択によって構成されるナラティヴ、これらが全体として表現しているのは、選択性、さらにいえば、恣意性ということであろう。個人化社会のナラティヴはこのような特徴をもつものとしてとらえることができる。

3　リスク社会のナラティヴ

ベック（1986）によって論じられたリスク社会論には大きく分けて次の二つの主張が含まれている。第一は、社会の近代化、産業化、科学技術の進展が膨大なリスクを発生させ、それが特定の階級や階層ではなく、ひとびとに平等に影響するという特徴もつ点である。かつての貧困が特定の階級と結びついていたのに対し、リスクはたとえば放射性物質による汚染のように広範囲に住むひとびとに平等に影響する。「貧困は階級的で、スモッグは民主的である」。この結果、「リスクをどのように管理、暴露、包容、回避、隠蔽するかという問題」が社会にとって重要な課題として浮上する。リスクをどう処理するかをめぐって動く社会、それがリスク社会の第一の含意である。

第二に、そうしたリスクは素人の目には見えない形で存在し、その認定に際してはまたもや科学技術の力を借りるほかないという点である。貧困や差別が誰の目にも明らかなのとは異なり、リスクは専門家の専門用語による説明なしには認識できない。たとえば、「地球温暖化」がどの程度進行しているのかを素人は判定することができず、専門家によるさまざまな観測データと分析結果に頼るほかない。また、東日本大震災以降、頻繁に耳にするようになった「ベクレル」や「シーベルト」という言葉、それまでその存在をほとんど意識することもなかった「放射線被曝」というリスクに関して、われわれは専門家の判断に従わざるをえない状況に置かれている。これがリスク社会の第二の含意である。

こうした社会は、ベックによれば、産業社会、階級社会のパラダイムと大きく異なるリスク社会のパラダイムを構成する。産業社会における最大の課題は、「いかにしたら社会において生産された富を社会的に平等に、かつ同時に合法的に分配しうるかという問題」だった。これに対して、リスク社会では、「構造的に付随して生産されるリスクをどうしたら阻止し、無害とみせかけ、脚色し、誘導することができるのか」が課題となる。もちろん、階級間の不平等や差別といった問題が消えてなくなったわけではない。それは、現在も存在しているし、格差社会という形で勢いを強めているともいえる。しかし、リスク論は、そうした問題を背景に退けて、社会の最重要課題として前景に立つ力をもっている。震災後の日本でわれわれが経験しているのはまさにそのような状況である。リスク管理という問題を再重要課題としうる社会、それがリスク社会といえる。

では、このようなリスク社会はどのようなナラティヴを産出するのか。ベック（1986）は次のように述べる。

リスク社会において、過去は現在に対する決定力を失う。決定権をもつのは未来である。

通常、ナラティヴは、過去のある時点から出発して、過去の別の時点へと至る形式をとる。「昔々、あるところに……」から始まり、「……幸せに暮らしましたとさ。」で終わるのがその典型であり基本形といえる。これに対して、リスク社会のナラティヴは、「将来、恐ろしいことが起こりそうだ。……だから、いまからそれに備えておこう。」という形式をとる。これをある時点で過去を振り返って物語れば、「将来の恐ろしい事態を予測して、私はそれに備えて生きてきた」という物語形式となるであろう。その恐ろしい事態が実際に起きて、備えが役に立てば、「安堵の物語」になるであろうし、役に立たなければ、「後悔の物語」になるであろう、あるいは、その恐ろしい事態が起きなければ、起きなくて良かったという「幸運の物語」になるか、あるいは、そこまで準備しなくてもよかったという「杞憂の物語」になるかであろう。

いずれにせよ、この物語形式は、従来の物語と大きく異なっている。さきほど述べた物語の基本形の例も含めて、物語の形式を時間軸の取り方を基準に整理すると次のようになる。

①過去のある時点から出発して、過去の別の時点に至る物語（例：神話、民話、寓話）
②過去から出発して、現在に至る物語（例：自己物語）
③現在から出発して、未来へと至る物語（例：マルクス主義の物語）
④未来から出発して、現在を描く物語（例：リスク社会の物語）

このように整理すると、リスク社会の物語の特異性が明らかになる。リスク社会の物語は、時間軸を逆行している点、結末が先取りされている点で、従来の物語形式と大きく異なっている。時間軸に沿って過去、現在、未来と物語るのではなく、先に将来予測があってそこから逆算して現在なすべきことが決まる。この物語の結末は、将来予測が当たるか外れるか、それに対する備えが有効か無効かで、２×２の四通りのいずれかである。それは、これまで多く語られてきた、いまだ実現していない何かに立ち向かう「挑戦の物語」ではなく、予想されるリスクをどう避けるかという「回避の物語」である。「攻めの物語」ではなく「守りの物語」だともいえるかもしれない。もちろん、従来の「挑戦の物語」にも回避という要素は含まれていたであろう。しかし、それは、何かを手に入れるために必要な回避であったはずである。それに対して、リスク社会では、回避それ自体が自己目的化される。回避した後に目指すべき地点は示されないのである。

ここで思い浮かぶのは、前節で述べた「社会全体が動く仕方や方法」の欠落という事態である。社会の動き方に関する見通しや理論を欠いた状態のなかで、むしろ、それに代替するかのように、将来予想されるリスクが社会の動き方を決定していく。こうした事態に深く関係しているのは、リスク社会論の第二の含意、すなわち、科学技術の専門知なしにはリスクの存在を認識できず、対処もできないという点である。「社会全体が動く仕方や方法」については、素人でも自らのささやかな社会経験に基づいて自分なりの見通しや意見をもつことができた。しかし、リスクについてはこのような見通しがもてない。仮にもったとしても、専門家が新しい知見を示せば、容易にひっくり返されてしまう。こうして、リスクに関しては、専門家の示す情報に対してひとびとは受動的な存在にならざるをえない。リスク社会は、ひとびとが自らの経験や思い、すなわち自らの物語を重ね合わせながら社会に関与する機会をなくしていく社会であるといえる。

こうした状況のなかでイメージされる社会は、見通しを欠きながらも自動運動する社会であろう。科学技術は自らの内的論理にしたがって自動運動を続け、その副産物としてさまざまなリスクを産出する。その動きはもはや誰も止めることはできず、その流れに身をまかせるしかない。もちろん、リスク管理は必要であり、それに対処するためのシステムも用意されるが、新たなリスクの登場には対応できない。リスク社会とは、こうしたシステムの自動運動に身をまかせる社会である。こうした社会のなかで、ひとびとは、自らの物語を社会と重ね合わせる契機を失っていく。過去・現在・未来の流れのなかに自己を位置づけるというこれまで長い間慣れ親しんできた物語の形式、物語の力が失われていくのである。

4　当事者性のナラティヴ

近年、医療や福祉、社会問題などの領域で、当事者性への注目が高まっている。こうした潮流の先駆けとなったのは、いうまでもなくフェミニズムである。「個人的なことは政治的である」というスローガンに明らかなように、それまで「個人的なこと」として語られていた（あるいは、語らせてもらえかった）個人の経験や思いが実は政治的に重要な意味をもつことが「発見」された。当事者ならではの経験や思いが社会的に重要な意味をもつものとなったのである。その後、当事者性への注目は、病者、障害者、性的マイノリティなどのさまざまな問題を抱えるひとびとへと拡大されていく。こうした流れのなかで、たとえば、「ハラスメント」概念の成立と普及にみられるように、当事者の語りが第三者の語りに優越するという事態も生じるようになった。当事者の語りは以前よりもはるかに強い政治性を帯びるようになっている。

こうした流れに呼応するかのように、当事者のナラティヴの抑圧とそこからの解放を主題とする実践も登場した。ナラティヴ・セラピーである（McNamee & Gergen, 1992）。それは、従来の「病理と治療」という図式から脱して、「病いを存続させるナラティヴの無効化と、病いに抵抗するナラティヴの創造」という新たな方法を提示した。そして、当事者のナラティヴの抑圧を解除するためのさまざまな方法が工夫されていった。これらの試みのなかで明らかになったことのひとつは、当事者のナラティヴを抑圧する主たる要因となるのは、専門家のセオリーであるということである。専門家のセオリーがあらかじめ、ひとびとが語るべきナラティヴを規定している。もちろん、そのセオリーどおりにナラティヴを語ることで、回復へと向かう場合もある。しかし、むしろそれが回復を阻害する場合もすくなくないことが明らかとなったのである。

こうした流れは、臨床実践のみならず、研究領域にも拡大した。精神障害者の社会復帰施設である「べてるの家」が生み出した「当事者研究」がそれである。「べてるの家」の川村医師は次のように言う（浦河べてるの家、2002; 2005）。

従来、〈研究〉は、医師や研究者がするものであって、当事者は主体的に入る余地のないものでした。しかし、研究の分野こそ当事者性を打ち立てるべきではないかと思います。

当事者はあくまで研究対象であって、研究主体ではないという暗黙の了解のなかで、当事者は研究者にデータを提供し、研究者が発見した成果に従うべき存在とされてきた。しかし、考えてみれば、研究という行為をこのように限定する理由はない。むしろ、このような役割分担を自明なものとすることが、自分の問題を自分で考え、それを誰かに聞いてもらい、感想や意見をもらって、また考えるといったごくあたりまえの相互作用を封じてきたことに気づかされる。そして、このような相互作用の欠落こそが、問題を固定化したり悪化させてきた可能性があることに気づいたのである。当事者研究の試みは、自分の問題を自分で考える権利を研究者から取り戻す動きとしてとらえることができる。

こうした動きをさらに徹底したのが、上野千鶴子ら（2003）による「当事者主権」の考え方である。上野は次のように述べる。

もし、当事者が行えば主観的と排除されるのなら、当事者学は成り立たない。むしろ当事者学の前提にあるのは、「私のことは私がいちばんよく知っている。だから、私のことは私に聞いてほしい」という立場である（上野、2010）。

当事者は主観的であてにならないから、研究者が客観的に調査研究した結果に従うべきだという考え方がここでは見事に否定されている。もちろん、だからといって、研究者や第三者による研究はもはや必要ないということにはならない。ただし、それが常に優位に立つべきだという前提はもはや成り立たない。当事者学の成果はすくなくとも研究者にとって無視できないものとして参照される存在となっている。こうした変化は、三人称の研究論文のスタイルにも影響を及ぼしている。一人称の語りをエピソードとして紹介し、それによって説得力を高めるようなスタイルの論文の増加である。近年の質的研究への関心の高まりはこうした流れのなかに位置づけることができる。

さて、以上のような当事者性の高まりは、どのようなナラティヴを産出することになるのか。明らかな特徴のひとつは、三人称のナラティヴから一人称のナラティヴへの転換である。研究者が書く三人称の文体ではなく、当事者による一人称の文体が以前よりもはるかに大きな説得力をもち、多数産出されるようになった。「私のことは私が一番よく知っている」。一人称のナラティヴは当事者でなければ知りえない世界を微細に語ることができる。また、当事者が生きる世界のうちのどの部分を他者に知ってほしいのかも伝えることができる。一人称のナラティヴは、三人称のナラティヴが表現しえなかった世界に光を当てる。

一人称のナラティヴがもつもうひとつの特徴は、それが常に未完のナラティヴとして、語り直しの可能性に開かれているという点である。三人称のナラティヴはそもそも事態を客観的に描くことを志向しているので、事態を確定する方向に向かい、書き直しや修正はむしろ避けるべきこととされる。これに対して、一人称のナラティヴは、その後の気づきや事態の思わぬ変化による書き直しがありうるものとしてそもそも存在している。それは常に現時点での物語であるという了解であり、その後の思わぬ展開や変化がありうることを初めから織り込んで成立している。それは、連続ドラマのように、常に「つづく」という言葉とともに暫定的に終了するのである。

以上の変化が意味するのは、社会的現実の流動性、あるいは可変性の意識の高まりであろう。三人称のナラティヴは社会的現実を確定し固定化する方向に作用するのに対して、一人称のナラティヴは社会的現実を流動化し暫定的なものとして意識させる。あるいは、逆に、社会的現実の流動化が進むなかで、それにふさわしい語りの形式として、一人称のナラティヴが力をもつようになったと考えることもできる。当事者性が強調される社会は、当事者の生きる世界を尊重する社会であると同時に、社会的現実の流動化を承認する社会であるといえる。

5　現代社会のナラティヴ

以上、個人化、リスク社会、当事者性の三つの視点から、現代社会におけるナラティヴの特徴をみてきた。個人化は、セオリーとの結びつきや規範との結びつきを欠いたナラティヴを産出し、ナラティヴの選択性と恣意性を高めている。リスク社会は、過去・現在・未来という時間軸に沿った従来のナラティヴ形式の力を弱め、自己を社会に重ね合わせていく契機としての機能を弱めている。当事者性は、一人称のナラティヴに力を与える一方で、社会的現実の流動性と可変性の意識を高めている。こうした現代のナラティヴの特徴は、相互にどのような関係にあり、結果として、どのような社会的現実を生み出すのか。この問題を最後に検討しておこう。

まず、これらの変化全体から感じられるのは、「ナラティヴの復権」という方向性である。もともと、近代以降に科学が発達する以前は、宗教をはじめとして、社会はさまざまなナラティヴによって構成されていた。それが、科学の発展に伴うセオリーの爆発的増大によって、セオリーが大きな力をもつ時代へと変わった。それが再び、個人化の進行のなかでセオリーの影響力が弱まって、相対的にナラティヴの力が強まっているように見える。このことは、当事者性の強調という流れとも符合する。個人化によって、ナラティヴがセオリーとの結びつき、もっといえば根拠づけを失った分を補うかのように、当事者性それ自体が根拠としての地位、それ以上遡る必要のない前提としての地位を獲得しているように見える。この意味で、社会的弱者と呼ばれるひとびとから当事者性の強調が始まったことは偶然ではないだろう。ある強度をもった当事者性は、セオリーなき時代のセオリーに代わる根拠として機能する。ナラティヴのセオリーとの決別は、ナラティヴそれ自体の自律化が生み出したといえる。

一方、これとは逆に、リスク社会は、ナラティヴという形式から力を奪い、逆に、専門家のセオリーの力を強めているように見える。われわれは、もはや、過去から現在を説明し、現在から未来を展望するという従来の物語形式にかつてのような魅力を感じなくなっている。この傾向は、「ナラティヴの衰退」としてとらえることができる。一方で、「ナラティヴの復権」が生じ、他方で、「ナラティヴの衰退」が生じている。ナラティヴをめぐるこの相反する傾向をわれわれはどのように理解すればよいのか。

おそらく、この一見矛盾する傾向が同時に進行するなかに、現代のナラティヴの特徴がある。セオリーなきナラティヴの氾濫と、ナラティヴそれ自体の自律化、そして、ナラティヴという形式の衰退、これらの動きのなかで、当事者性のような強度をもったナラティヴだけが生き残りひとびとに参照されるようになる。つまり、強いナラティヴと弱いナラティヴが分化していく。もちろん、ナラティヴは常に語り直しの可能性に開かれているので、強いナラティヴと弱いナラティヴを固定的に考える必要はない。新たな出来事や気づきによって、強いナラティヴが弱くなったり、弱いナラティヴが強くなったりすることはありうる。また、強いナラティヴが語り直しによってより強度を増していくこともありうるであろう。しかし、いずれにせよ、ナラティヴはその強度によって分化していく。

一方で、ナラティヴという形式にこだわりをもたず、それを利用しないひとびとも増加していく。そこでは、専門家の言説に自動的に反応するのみで、そうした反応のプロセスになんらかの物語性を求めることはない。もちろん、そこでも、たくさんのエピソード、すなわち、ナラティヴは語られるであろう。しかし、そうしたエピソードを編集して、なんらかの方向性や一貫性を見出すことはもはや必要とされていない。ナラティヴはかつてのようになんらかの指針を得るための道具とはみなされないのである。

こうした状況は、社会学的にどのような意味をもつのか。この問題を、「政治性」、「規範性」、「共同性」の三つの視点から考察しておこう。

まず、「政治性」という点では、当事者性に支えられた強いナラティヴとリスクに関する専門家のセオリーの二つが政治的な力を獲得する。それ以外のナラティヴとセオリーは背景に退いて、これらの限られたナラティヴとセオリーが社会を動かす大きな要素となる。震災によって家や仕事を奪われた被災者たちの強いナラティヴを前にして、被災から免れたひとびとは自らのナラティヴを語るのをやめる。一方で、放射線の影響に関する専門家のセオリーは無視できないものとして、さまざまな社会的決定、政治的決定に影響を及ぼす。こうした状況のなかで、これまで、ひとびとの生を方向づけ支えてきたささやかなナラティヴはその力を失っていく。同時に、社会に関するさまざまなセオリーも、リスクをめぐるセオリーを前にして、その発言力を失っていく。現代のナラティヴ環境はこのような方向に動いていると考えられる。

こうした事態は、「規範性」にも大きく影響する。すでに述べたとおり、ナラティヴは規範を伝える道具として、きわめてすぐれた性能をもっている。しかし、ナラティヴ環境が上述のように限定されていくなかで、伝承され再生産される規範もまた限定されていく。さまざまな物語を聞き、語るなかで、再発見され、再確認されるはずの規範が、強いナラティヴが提供するものに限定されていく。強いナラティヴと弱いナラティヴの分化は、そのまま、強い規範と弱い規範へと変換される。一方、社会に関するさまざまなセオリーが暗黙に伝えてきた規範も、リスクをめぐるセオリーが再生産する規範を前にして、その力を弱めていく。ここでも、強度による分化という同じプロセスが進行する。

しかし、一方で、こうした事態は、ひとびとの「共同性」に関して、かつてない変化を生み出す可能性もある。震災の被災者たちの間で生じている当事者としての共同性、そして、被災者と被災者を支援しようとするひとびとの間で新たに生まれる共同性がそれである。個人化社会によって徹底的に分断されたかに見えたひとびとの間に、リスク社会と当事者性が新たな共同性を生み出している。同じリスクを共有する運命共同体としての私たち、その私たちを主語とする新たなナラティヴが語られ始めている。この意味で、リスク社会化と当事者性の台頭は、一方で、個人化に適合する側面をもちながらも、他方で、個人化に対抗する契機ともなりうる可能性をもっている。

冒頭でも述べたように、物語は混沌とした現実を組織化する力をもつと同時に現実を制約する力をもつ。いま、われわれは、共通のリスクを前にして、それにどう立ち向かうかという新たな「挑戦の物語」を語り始めようとしている。同時に、リスクを個人的にいかに回避するかという「回避の物語」も聞こえてくる。さらに、そうした物語にもはや何の期待も関心ももたずに、そもそも物語を必要としない生き方をしているひとびともいる。物語と物語の対立という図式に加えて、物語を必要とするひとびとと必要としないひとびとの対立という新たな状況が生まれている。現代の物語環境はこうした構図のなかにあるといえる。

では、こうした構図のなかで、社会学は何を語ればよいのか。バウマン（2001）は次のように述べる。「社会学は、それ自体がひとつの物語である。しかし、この特別な物語がもつメッセージとは、われわれが日々物語を語るなかで夢見るよりももっと多くの物語の語り方があるということ」である。

本章もまた、ナラティヴという視点から、現代社会の変動の物語を語ろうとする試みにほかならない。いま、どのようなナラティヴが生まれ、力を持ちつつあるのか。また、どのようなナラティヴが力を失いつつあるのか。そして、これらのナラティヴはどのような社会的現実を構成していくのか。ナラティヴをめぐる物語はこれからも続いていく。

第五章　親密性と共同性――「親密性の変容」再考

社会福祉は失われた共同性を回復し、新たな共同性を構築する試みとしてとらえることができる。いまある共同性を前提にして、そこに不足があれば制度的に補完するのが社会福祉の基本的役割といえる。実際の援助場面においても、利用可能なソーシャル・サポートを前提にして、専門的援助の具体的内容が決まっていく。その際、何がどれだけ不足していると考えるかによって制度や援助のありようは大きく変わってくる。しかし、いずれにせよ、いまある共同性を前提にして、あるべき共同性が構想される。

このとき、共同性の背後にあってそのあり方に大きな影響を与えるのが親密性である。親密性が共同性の重要な契機であることは、家族という制度を見れば明らかである。かつての日本型社会福祉論に明らかなように、家族を「含み資産」とみなすかどうかで、社会福祉の守備範囲は大きく変わってくる。家族には親密性と共同性が深く埋め込まれている。家族は親密性を担保にして共同性を実現する制度としてとらえることができる。

共同性のありようは親密性のありようと密接に関連している。したがって、親密性の変容は直接、共同性の変容につながる可能性があるが、この問題はこれまでかならずしも十分に検討されてこなかった。本章の目的は、いま、親密性と共同性はいかなる関係にあるのかを明らかにすることにある。親密性の変容はひとびとの共同性のあり方にどのような影響を与えてきたのか。また、それは今後どのように変容していくのか。この問題を考えるにあたり、まず、親密性の変容がこれまでどのように論じられてきたのかの検討から出発する。

1 親密性の変容

アンソニー・ギデンズが『親密性の変容』（*The Transformation of Intimacy*）という著書を出版したのは一九九二年のことである（Giddens, 1992）。この著書の主たる関心は「セクシュアリティ」の変容にあったが、それを、「親密性」（intimacy）という概念に拡げて論じた点に大きな特徴がある。すなわち、狭義の性的関係だけでなく、性的関係を伴って形成される夫婦の関係性、男女の関係性、さらには同性間の関係性にまで議論を拡げた点である。こうして、性的関係を伴いながらひととひとが織りなす「関係性」全体を視野におさめる独特の枠組が用意された。

もうひとつの特徴は、臨床心理学的なセルフヘルプ・マニュアル（自己啓発本や回復ガイド）を資料として、「関係性」の問題を論じた点である。これらに着目した理由は、それらがあるべき関係性、望ましい関係性について盛んに論じており、一般大衆にとって無視できない影響力を及ぼすようになったからである。これは、「現実の心理学化」としてとらえられるが（野口、2000）、ここで重要なのは、これらのマニュアルが「関係性」をめぐるさまざまな語彙を提供し、一般のひとびとが自らの関係性をこれらの語彙を使って語り始めた点である。

そうした語彙のひとつとして、「親密性」という言葉も多く語られるようになった。日本では「親密性」という言葉はこのような形ではまったく普及しなかったが、主に米国を中心とした欧米圏では、「親密性」という用語に独特の意味が与えられた。それは、男女間の望ましい関係性という規範的な意味合いである。そして、この対極にある望ましくない関係性のひとつとして、「共依存」（co-dependency）という臨床的専門用語が用いられた。ギデンズはこの「共依存」という概念を発見したことで、その対極に描かれる「親密性」への考察を深めていった。

そして、「親密性」のなかにある規範的状態としての「純粋な関係性」という概念を見出す。対等で、関係を続けたいという純粋な動機だけに支えられ、それ以外の文字通り不純な動機を含まない関係性、どちらか一方が関係の終了を宣言すれば終わる関係としてそれは概念化された。こうして、われわれが目指すべき「関係性」の理想型が提示され一般に流布していったのである。先ほども述べたように、日本では「親密性」という言葉にこのような規範性は含まれていない。しかし、欧米圏ではそのようなニュアンスを含みながら使われることがすくなくない点に注意する必要がある。

「親密性」は「純粋な関係性」から成り立つものであり、それは、関係性の民主化の具体的表現としてとらえられる。それは、かつて社会に強固に張りめぐらされていたジェンダー規範とそれに伴う不平等が改善されていく過程で必然的に進展するものとしてギデンズはとらえている。ただし、そこには落とし穴もある。それが「共依存」である。「純粋な関係性」は関係を結ぶ両者の関係を継続したいという動機にのみ支えられており、きわめて不安定な関係でもある。こうした不安定さに耐えかねるかのように、他者に必要とされる「確かな」関係へとのめりこみ他者に依存するのが「共依存」的関係である。「親密性」は、対等で民主的でありながら不安定さを伴い、それとは逆に、「共依存」は不平等で非民主的でありながら安定をもたらす。前者が善で後者は悪であると単純に割り切るセルフヘルプ・マニュアルを素材にして、ギデンズは現代の「親密性」をめぐる二つのあり方を描き出すことに成功したといえる。

こうして、「親密性」は二〇世紀後半に大きな変化を遂げた。それまで、家族やコミュニティに埋め込まれていた「親密性」がまさしく「脱埋め込み化」を遂げ、それ自体、単独で追求できるもの、追求すべきものとして独自の進化を遂げたのである。では、こうした事態は「共同性」にいかなる影響を及ぼしたか。それは次のように整理できる。

まず第一に指摘できるのは、「純粋な関係性」への傾斜が強まるにつれて、「共同性」もまた不安定化せざるをえないという点である。近代家族は「親密性」と「共同性」をセットで担保する制度という側面をもっていたが、「純粋な関係性」への傾斜が強まれば、「親密性」と「共同性」は分離せざるをえない。「親密性」の追求は既存の「共同性」を破壊する方向に作用する。もちろん、また新たな「親密性」が見出されれば、そこで新たな「共同性」が生まれる可能性はある。しかし、それもまたいつまで続くかの保証はない。離婚の増大する現実はこのような傾向を反映しているとみることができる。

第二に考えられるのは、「親密性」と「共同性」の意図的な分離という戦略の登場である。「親密性」が「純粋な関係性」を要件とするならば、それはそれとして追求する。しかし、一方で、なんらかの「共同性」もまた必要であるならば、それはそれとして確保する。グループホームやシェアハウスといった工夫は、「親密性」と「共同性」を意図的に切り離して、「共同性」のみを端的に確保する試みとしてとらえることができる。

以上が、ギデンズの議論から導かれる二つの帰結であるが、一方で、こうした「親密性の変容」に影響されずに、「親密性」と「共同性」をセットで確保する近代家族という制度もまだ根強く存在していることも事実であろう。だとすれば、「近代家族」という第三の選択肢を含めて、現代の「親密性」と「共同性」の関係は三つの方向性をもつとひとまずまとめることができる。

2　ギデンズ以後

ギデンズの議論の後、すでに二〇年がたった。この二〇年で親密性のありようはどのように変わったのか。また、親密性をめぐる議論はどのように進展したのか。ここでは、二つの議論を取り上げることにしよう。ひとつは「開示する親密性」、もうひとつは「冷たい親密性」である。

（1）開示する親密性

リン・ジャミーソンは、ギデンズ以降の親密性をめぐる議論を検討して、「開示する親密性」（disclosing intimacy）という概念が強調されるようになったことを発見する（Jamieson, 1998）。これはいうまでもなく、臨床心理学的な言説のなかでよく用いられる言葉であり、個人のメンタルヘルスにとって、「自己開示」（self disclosure）することが重要であるという考え方とともに流布したものである。そこでは、「お互いに語り、聴き、考えを共有し、感情を表出すること」が称揚される。

こうした言説の流布は、親密性という概念を変えていく。ジャミーソンは、一〇年前であれば、「個人的関係」、「第一次関係」という用語で呼ばれた内容がいまは「親密性」という言葉に置き換わったと述べる。そして、この変化は、ギデンズも指摘したように、「平等性」の強調を伴っている。「ジェンダー、世代、階級、人種を超えた対等な関係性」が強調されるのである。

こうした言説が流布し、親密な関係性や純粋な関係性が理想として語られる一方で、現実はどのように変わったのか？　よく耳にする「公的な物語」（public story）と日々の「私的な生活」（private lives）は果たして一致しているのか？　これがジャミーソンの第二の問いである。答えは、「非常に部分的な現象を取り上げたものにすぎない」と述べる。伝統的な家族役割、たとえば、「夫・父・稼ぎ手役割と妻・母・世話役・主婦役割」は依然として続いていることがデータによって示される。

また、「開示しあう親密性」は「知識」としては流布しているが、それが直ちに現実の生活を変えるわけではない。現実の生活では、「愛や実際の世話や何かを共有すること」があいかわらず重要であり、「無償の愛、支え、助け、世話」が「開示する親密性」よりも重要な役割を演じている。とりわけ、親子関係においてはこのことが重要な意味をもっている。また、「開示する親密性」を追求できるのは、「他に生活の心配がないような状況」においてのみであり、現実はそれとは異なっている。この概念を強調することは、結果として、それが追求できる階層とできない階層の「階層的分断」を招くことにもつながりかねないと警鐘を鳴らす。

かくして、「開示する親密性」は仮にそれが存在するとしても、「非常に部分的な現象を取り上げたものにすぎない」ことになる。しかし、一方で、「開示する親密性」の言説は衰えを見せることなく、その理想的な響きは依然として影響力をもっている。「知識」としての「開示する親密性」は今後どこへ向かっていくのか。そして、それは共同性にどのような影響を及ぼすのか。問いは依然として残っている。

（2）冷たい親密性

エヴァ・イルーズは、親密性の現代的変容を「冷たい親密性」（cold intimacies）という概念でとらえる（Illouz, 2007）。イルーズの関心は資本主義の変容という点にあり、現代の資本主義が「感情資本主義」（emotional capitalism）という新たな段階に突入したとみる。その第一の特徴は、「非感情的で公的な領域と感情的で私的な領域の分離」という従来の前提が成り立たなくなり、いずれの場面においても感情が重要な役割を果たすようになった点である。第二の特徴は、現代のアイデンティティが「個人の感情的傷つきと自己実現欲求を結びつける形」で達成される点である。それは、端的に「承認の物語」という形式をとり、社会のさまざまな場面を貫くナラティヴとして語られる。第三の特徴は、こうした感情的かつ公的なプロセスがインターネットの普及によってより促進されている点である。

このように、現代の資本主義の作動にとって感情がきわめて重要な役割を果たしていることに着目するのが「感情資本主義」という考え方である。それでは、親密性はこれらとどのように関係するか。イルーズは、現代の親密性が女性の自立と深く関わっており、その背景には心理学的言説の隆盛とフェミニズムの影響があるとみる。そして、「平等性、公正性、中立性、感情的コミュニケーション、セクシュアリティ、隠れた感情の表出と克服、言語による自己表現」などが、現代の親密性の理想を形作っているとする。つまり、現代の資本主義は感情をひとつの動因として作動しており、その感情のあり方を方向づけているのが親密性というひとつの理想ということになる。こうした議論は、ギデンズやジャミーソンの議論と重なる面もあるが、それを資本主義の変容という文脈に位置づける点に特徴がある。

それでは、これがなぜ「冷たい親密性」なのか。それは、こうして理想化された親密性が「健康性」とほぼ同義として語られるようになり、さらには、「他と比較可能で計測可能なもの、すなわち認知的なもの」として扱われていくからである。このわかりやすい例として、イルーズは「感情知能」(emotional intelligence) という概念の流行をあげる。日本でも、「ＥＱ」として紹介され流行したもので、望ましい感情のあり方、感情のマネージメントの仕方についてのガイドとして、企業の人事管理などの場面で取り入れられている (Goleman, 1995)。

こうして、感情のあり方の善し悪しが計測可能なものとしてとらえられる。このとき、親密性はその理想形として語られると同時に、それ自体が計測可能なものとなる。かつては、もっとも私的な領域にあって、計測可能性からもっとも遠いところにあると思われていたものが、いまや、計測可能なものとして公的に扱われる。しかも、それが、資本主義の重要な動因として機能している。このことは、近年、日本でも「コミュニケーション能力」という用語が頻繁に用いられるようになり、「ハイパー・メリトクラシー」という状況が生まれているとする議論 (本田、2005) とも重なる。これが、イルーズが描き出す「冷たい親密性」にほかならない。

では、こうした親密性の変容は共同性にどのような影響を及ぼすであろうか。この問題をイルーズは直接論じてはいない。しかし、資本主義の変容という文脈に照らせば、感情や親密性が市場での交換という資本主義の論理により一層取り込まれることにより、従来、共同性の背後にあってそれを支えていた機能は縮小していくことが当然のごとく予想される。親密性それ自体が商品として交換されるとき、親密性と共同性との結びつきはオプショナルなものになるであろう。すなわち、共同性を伴うこともあるが、伴わないこともある。共同性を伴う親密性を好む消費者もいれば、それを好まない消費者もいる。消費者の選好に応じて、それは選択される。まさに、親密性が冷静に取り引きされる様子が浮かびあがってくる。

3 「親密圏」の政治

欧米で親密性をめぐる議論が以上のように進展する一方で、日本では、それとはまったく異なる角度から親密性をめぐる問題が論じられた。それは、齋藤純一らによる「親密圏」をめぐる議論である（齋藤、2003）。

齋藤は親密圏を、「具体的な他者の生／生命――とくにその不安や困難――に対する関心／配慮を媒体とする、ある程度持続的な関係性を指すもの」としてとらえる。「従来、それは、「愛」をメディアとする関係性としてとらえられ、多くの場合、男女のカップル（とその子ども）からなる小家族と同一視されてきた」。しかし、「家族はたしかに親密圏の一つではあるが、あくまでそれがとりうる無数のかたちのひとつにすぎ」ないとして、親密性が展開する場へと視野を広げる。こうして、「親密性」それ自体ではなく、「親密性」が展開する場ないしは空間を分析の焦点に据える点にこの議論の特徴がある。

齋藤の関心は、従来、「公共圏」の背後にあって非政治的な領域とされてきた「親密圏」に隠されている政治性を明らかにすることにある。しかし、これまですでに指摘されてきた「ジェンダー秩序」や「セクシュアリティ秩序」といった問題ではなく、「生の安全／安心が、今日の秩序の再編に際して誰からどのように奪われようとしているのか」という問いを中心に据える。そして、次の二つの特徴を見出す。

ひとつは、親密圏が「正常・正当なものとして社会的に承認されていない生のあり方や生の経験が肯定されうる余地をつくりだす」点である。それは、「「異常」、「異端」とされる価値が生き延びることのできる空間」であり、実際、それは、精神障害者や犯罪被害者などさまざまなスティグマを負わされたひとびとに生きる場所を与えてきた。親密圏は、「ひとが社会的な評価に過剰に曝されることを防ぎ、引き続き有用でありうるか否かといった評価からすくなくとも部分的に効力を奪う」空間として機能する。「社会的な承認とは異なった承認を、社会的な否認に抗しながら、ひとびとの生に与える」のである。

もうひとつは、「親密圏の喪失」という危機である。これには二つの側面がある、ひとつは文字通り、「親密圏」をもたないひとびとが増えていくという事態で、格差社会論とともに日本でも盛んに論じられてきたホームレスや貧困層などの現実が示す問題である。親密圏は、労働市場の悪化による影響を吸収するバッファとしての役割をもつが、親密圏をもたないひとにとってはその影響が直接襲いかかる。もうひとつの側面は、監視社会の進展によるプライヴァシーの剥奪という問題である。情報テクノロジーの発達によって、ひとびとの行動を監視し追跡するシステムが発達することで、これまでのように「異常」や「異端」がひっそりと生き延びることは難しくなる。社会からの防波堤として機能していた親密圏に社会からの監視の目が侵入し、結果として、親密圏それ自体を破壊していくのである。

以上の二つの特徴は、親密圏のもつ保護的機能とその弱体化としてまとめることができる。親密圏は社会に貫徹する権力性や政治性を跳ね返し、弱者を保護し、独自の承認を与え、生を支える空間として機能している。一方で、そうした空間をもたないひとびとを増加させる市場的圧力が高まり、さらに情報技術の進展がそうした弱者の生を監視し追跡し捕捉しようとする。現代の親密圏は、社会的弱者たちの生きる場としていまも重要な役割を果たす一方で、その基盤を掘り崩すような変化も生じている。

「親密圏」をめぐる議論は、「親密性」それ自体ではなく、「親密圏」という空間を分析の単位に据えることで、その空間に作用するさまざまな力のせめぎあいを描き出す点に特徴がある。「親密性」が議論の焦点であれば、関係性それ自体がもつ機能に議論が集中するが、「親密圏」であれば、その空間が果たす機能へと議論の焦点が移り、そこで果たされる他の機能や、その空間を脅かすものが視野に入ってくる。では、このとき、「共同性」はいかなる位置づけになるのか。齋藤の議論において、「共同性」という概念はすくなくともキーワードとしては登場しない。しかし、これまでの議論に明らかなように、「親密圏」は「親密性」だけでなく「共同性」をも同時に担う空間として描かれている。弱者の生を支える場としての親密圏という指摘はまさにそのことを示している。

ここで、共同性は親密性に必然的に伴うものなのか、それとも、別の水準にあるものなのかという問いが生ずる。親密性を基礎に成り立つ親密圏において、結果として生の共同性も達成されていると考えることもできる。一方で、共同性という水準とは無関係に、親密性それ自体が弱者を助ける機能を含んでいると考えることもできる。齋藤の定義にあるように、「具体的な他者の生／生命――とくにその不安や困難――に対する関心／配慮」は、それ自体のなかに「関心／配慮」という形で共同性を含んでいると考えることもできる。親密性と共同性を分析的に異なる水準として設定するのではなく、親密性はそもそも共同性を含んで成立するととらえる視点が見えてくる。

前節までの議論、ギデンズ、ジャミーソン、イルーズの議論が示すのは、親密性それ自体が自律的に作動し、追求され、交換される世界であった。そこでは、親密性と共同性が分離し、親密性の追求が共同性を破壊していく様子が描かれていた。これに対し、齋藤が描き出すのは、親密性のなかに共同性が埋め込まれているような世界である。したがって、親密性の追求が共同性を破壊することはない。親密性を破壊するのは、あくまで、外部からの圧力、外部から侵入する力である。親密性が共同性を掘り崩すのか、それとも、外部の力が親密性と共同性をともに掘り崩すのか。以上の議論は、こうした理論的問題を提起している。

4　親密性と共同性の日本的特徴

親密性と共同性の関係をめぐっては以上のような問題が存在する。この問題を解くためには、親密性と共同性の概念に関する日本と欧米の違いについて整理しておく必要がある。そもそも、欧米の議論において、親密性の自律的動きがあれほど強調されるのに対して、日本ではそうした議論がいまひとつ関心を集めない。親密性という言葉と性的関係が表裏一体であるような用語法も日本では普及しない。ジャミーソンがいうように、それがごく一部の限られた現象だとしても、わざわざそう指摘しなければならないような現実が日本にはない。ここにこの問題を解く第一の鍵がある。

(1) 共同性の優位

日本においては、親密性という用語は性的関係との強い結びつきをかならずしももっていない。性的関係を伴わない親子関係やきょうだい関係をはじめ、同居家族の間にある「身内の関係」のなかに生ずる「他人行儀ではない関係」がまずもって想起される。そこに、性的関係を持ちこむことは場違いな印象すら与える。このようにイメージされる「親密性」はそこに分かちがたいものとして「共同性」を含んでいる。身内であり、他人行儀ではないということは、必然的に、齋藤のいう「具体的な他者の生／生命――とくにその不安や困難――に対する関心／配慮」を伴う。日本における「親密性」は一定程度の「共同性」を必然的に伴うものとしてイメージされる。

しかし、一方で、ギデンズらが指摘するような傾向が日本でも進みつつあることもまた事実であろう。離婚の増大は「親密性」を「共同性」よりも優先する傾向の表れとしてとらえることができるし、晩婚化や非婚化もまた同様の傾向としてみることができる。以上の二つの一見相反する傾向は次のように解釈することができる。すなわち、われわれ日本人は欧米と同様に性的関係を伴う親密性をかつてよりも重視し、それを追求しようとしている。そして、「共同性」を犠牲にしても「親密性」を追求することはかつてより確実に多くなっているといえる。しかし、同時に、「共同性」も大切にしている。とりわけ、「具体的な他者の生／生命——とくにその不安や困難——に対する関心／配慮」が必要なときには、それが優先する。「親密性」か「共同性」かという二者択一を超えて、「共同性」が優先されるのである。

もちろん、日本において、常に「共同性」が優先されるというわけではない。「具体的な他者の生／生命——とくにその不安や困難——に対する関心／配慮」が行き届かない場合やそれが欠落している場合も多々あるだろう。その場合は、「共同性」が確保されないだけでなく、「親密性」それ自体も危機に瀕している可能性がある。これが、この問題を解く第二の鍵である。

(2) 親密圏の危険性

一九九〇年代以降、「ドメスティック・バイオレンス」や「児童虐待」という現象が日本でも注目されるようになった。いわゆる、「安全な空間という家族の神話」の解体である。もちろん、九

○年代以前にこうした現象がなかったわけではないが、それが注目されるようになった背景には、まさしく、ギデンズらが述べるような「あるべき親密性」、「望ましい親密性」をめぐる規範的言説が登場し影響力をもつようになったことがあげられる。つまり、それまでは存在しても問題化されなかった現象が、問題化される文脈の登場によって、問題化したということである。

親密圏は、ギデンズらが述べるような規範的関係性を追求し高める場であると同時に、暴力や虐待を許容しそれを隠蔽する場でもある。それは、暴力という「「異常」、「異端」とされる価値が生き延びることのできる空間」でもある。外部の監視から相対的に独立した空間は、よい意味でも悪い意味でも外部とは異なる価値や行為を許容する場となる。日本における「親密性」という言葉は、このような望ましくない事態を生み出す空間という意味あいを伴っている。それは、「密室性」、「閉鎖性」と紙一重の否定的な響きをもっている。このことが、日本における「親密性」が欧米のように「健康性」のイメージとは重ならない理由のひとつと考えられる。親密性は正負両面の価値を帯びたアンビバレントな響きをもっているのである。

親密性には危険な落とし穴がある。欧米では、その落とし穴のひとつが「共依存」という病理として概念化され、それによって、あるべき親密性がより明確に定義されるというプロセスが進行した。これに対し、日本では、「共依存」という病理も一般にはそれほど知られておらず、したがって、その対極にある「親密性」も明瞭な像を結ばない。そうしたなかで、「親密性」という用語に正負のまったく異なるイメージが同居している。そして、これに呼応するように正負の「共同性」

がそこに発生する。暴力という負の共同性もそこに生ずるのである。正負の親密性と正負の共同性がともに生じうる場として、「親密圏」は存在している。

(3) 巻き込まれとタフ・ラブ

親密性と共同性が織り成す状態をとらえるうえで、もうひとつ参考になる視点がある。それは、アディクション臨床の領域でよく使われる「巻き込まれ」という現象である。アルコール依存症をはじめとするアディクションは、家族を巻き込みながら進行する。依存症からなんとか回復してほしいと思っておこなう家族の必死の努力が、結果として、依存症を支え、回復を遅らせるように作用するというパラドクシカルな現象である(野口、1996)。

たとえば、酒が原因での遅刻や欠勤を家族が本人に代わって会社に連絡したり謝罪したりする。そうすることで、本人は自分の行為の責任をとらずに済み、問題に直面せずに飲酒を続けることができる。このとき、家族は病理の支え手となって病理に巻き込まれている。こうした「巻き込まれ」に家族が気づき、病理の支え手とならないようにすることが回復への第一歩とされるのである。

この状況は、しかし、「具体的な他者の生/生命——とくにその不安や困難——に対する関心/配慮」そのものでもある。夫のために必死の努力を続ける妻の姿は、美談でこそあれ、病理と呼ぶべきものではないという見方もあるだろう。しかし、この状況が病理を悪化させることは臨床的にはまぎれもない事実でもある。そして、巻き込まれから脱して、あえて、世話をせずに、本人の責任に帰していく作業を進めるのが「タフ・ラブ」(tough love) という考え方である。文字通り、「強靭な愛」のなせる業ということになる。

この「巻き込まれ」と「タフ・ラブ」という対概念は、「共依存」と「親密性」という対概念を彷彿とさせる。親密性と共同性がないまぜになった状態においては、この「巻き込まれ」が容易に生ずる。そこから、「真の親密性」を救い出す必要がある。「真の親密性」はときには一見残酷な冷たさを伴う。しかし、それは、「冷たさ」ではなく「強靭さ」である。日本では、冷たさや残酷さとして親密性の対極にあるかのように感じられるかもしれないものが、「タフ・ラブ」として称揚される。こうした思想がこれらの言葉の背後にある。「親密性」を規範的状態として概念化し「健康性」と同義のようにみなす考え方の背後にはこのような物語が隠されている。

5　親密性と共同性のゆくえ

以上の検討を経て、日本における「親密性」概念の独特の位置取りが明らかになった。欧米圏で展開する「親密性の変容」に関する議論を興味深く受容しながらも、同じ土俵での議論に乗っていけないもどかしさのような感覚は、いままで見てきたような「親密性」概念の日本的文脈に由来している。

その第一は、性的関係を背景に退けて、親密性と共同性をセットで考える思考法である。この思考法に従えば、親密圏という用語のほうが使い勝手がよいということにもなる。そこには、親密性と共同性がないまぜの形で埋め込まれている。そして、「具体的な他者の生／生命――とくにその不安や困難――に対する関心／配慮」が必要なときには、共同性が優先される。そのとき、欧米流の親密性ははるか背景へと退くのである。

第二は、日本における親密性は、密室性、閉鎖性と隣り合わせであり、正負のイメージを併せもっている点である。欧米では、密室性や閉鎖性、そこから生まれる暴力性を親密性の対極にあるものとして描く用語法が普及したが、日本では、それらが渾然一体となってイメージされる。親密性にも共同性にも正負のまったく異なる側面が同居しているととらえられるのである。

第三は、「巻き込まれ」という状況のとらえ方に関する思想的な違いである。欧米では、それを親密性の対極にある「病理」としてとらえて、真の親密性を厳密に区別して追求しようとする。これに対し、日本では、そのようなとらえ方はむしろ親密性の対極にある「冷たさ」としてとらえられてしまう。親密性を規範性や健康性と重ね合わせるとらえ方に関する違和感はこのあたりに由来している。

以上、親密性と共同性の概念をめぐる日本と欧米の違いについて論じてきた。ここで、本章の最初の問いに戻ろう。親密性の変容はひとびとの共同性のあり方にどのような影響を与え、今後どのように変容していくのかという問いである。

ジャミーソンによれば、「親密性の変容」はごく一部の限られた現象であり、認知的な現象にとどまっていて、現実はそれほど変化していないということになる。たしかに、日本においてはとりわけ、「一部の現象」という見方があてはまるかもしれない。しかし、親密性と共同性を分離してとらえ、純粋に親密性を追求しようという志向もまた確実に存在する。ただ、それは、志向であるだけで現実が伴っていないともいえるが、離婚や非婚、晩婚の増大という事実はそうした志向が確実に強まっていることを示すものともいえる。したがって、親密性と共同性が分離する傾向は長期的には強まっていくと考えられる。

一方、イルーズの見方によれば、親密性は計測可能でマネージすべきものとなり、現代の資本主義を駆動する重要なメディアとなりつつある。これについても、程度の差はあれ、日本でも同様の傾向は確認できる。「コミュニケーション能力」を重視する「ハイパー・メリトクラシー」の登場はまさにこの傾向を表すものといえる。ただし、日本における「コミュニケーション能力」は仕事上の対人関係能力に関して使われる場合が多く、親密性との結びつきは相対的に弱い。しかし、男女間の関係においても、とりわけ、非婚化や晩婚化の原因のひとつとして、「コミュニケーション能力」の不足が問われることもある。そういう意味では、イルーズが描き出すような方向性は日本でも長期的にはあてはまる可能性があり、結果的には共同性と分離する方向が予想される。

親密性の変容は共同性の基盤を掘り崩す方向でゆっくりと作用している。しかし、一方で、親密性と共同性をないまぜの形で確保する親密圏という空間もたしかに存在する。親密性の変容による基盤の掘り崩しにもかかわらず、むしろ、それに抗するかのように存在する親密圏がある。とりわけ、東日本大震災の後に、あらためて親密圏の重要性が認識されたことは、「絆」という言葉が盛んに使われるようになった現実のなかにも表れている。そして、社会福祉はこうした親密圏の存在を前提にして制度設計される。親密圏に過剰な負荷を負わせるような制度設計は望ましくないし、制度の不備をそこに肩代わりさせるようなことももちろん避けなければならない。しかし、親密圏が現に果たしている役割を無視するような制度設計も望ましくない。なぜなら、親密圏にはいままで見てきたような文化の深い違いが埋め込まれているからである。ある状況を「健康」と感じるか「病理」と感じるか、ある状況を「親密」と感じるか「残酷」と感じるかといった文化や思想の違いがそこにはある。「親密性」と「共同性」をセットで感じ取るか、別物として感じ取るかの違いもそこに由来する。社会福祉の現場は、このような思想と現実がぶつかりあう場としてとらえることができる。親密性と共同性のゆくえについて、われわれはこれからも注視し続ける必要がある。

第六章　アディクションとナラティヴ

1　はじめに

アディクション臨床はナラティヴと深い関係にある。ナラティヴ・アプローチが注目される以前から、アディクションからの回復にナラティヴが重要な役割を果たしていることは多くの人に知られていた。セルフヘルプ・グループにおいて「言いっぱなし聞きっぱなし」という独特のかたちでセルフナラティヴ（自己物語）が語られ、それが回復へとつながっていたからである。しかし、なぜ、セルフナラティヴを語ることが回復につながるのかという点について、納得のいく説明はなかなか得られなかった。そうした説明をより説得力のあるものにしたのが、ナラティヴ・アプローチという理論と方法の登場だったといえる。アディクションからの回復において、なぜ、ナラティヴが重要な役割を果たすのか、この問題を、セルフヘルプ・グループにおける「言いっぱなし聞きっぱなし」のナラティヴ、および、ナラティヴセラピーにおける「外在化」のナラティヴという二つの視点から検討する。

2 「言いっぱなし聞きっぱなし」のナラティヴ

ＡＡ（Alcoholics Anonymous）のミーティングにおいて、たとえば「この一週間」というテーマで参加者たちが順番にそれぞれの自己物語を語っていく。ある者はドラマチックな出来事について滔々と語り、ある者は特に変わったことはなかったとあっさり話を終える。時折、笑いが漏れたりすることもあるが、言葉は一切交わされない。これが「言いっぱなし聞きっぱなし」のミーティングである。この方式は、ＡＡだけでなく、アディクションに関する専門医療機関や社会復帰施設などでも多く取り入れられており、アディクション臨床の基本的フォーマットのひとつとなっている。こうしたやり方がなぜ効果があるかについて、筆者自身、これまで次のような説明をしてきた。その第一はそこでおこなわれるコミュニケーションの特徴、第二はそこで生成する物語の特徴である（野口、1996, 2002）。

（1）評価と査定のない空間

「言いっぱなし聞きっぱなし」という方式の最大の特徴は、質問、感想、意見といった通常の応答がおこなわれない点である。セルフヘルプ・グループというと、お互いに励ましあい、支えあい、学びあうといったイメージが強く、それはお互いの話への真摯な応答によって成り立つと考えるのが普通である。しかし、この方式では、そうした通常のコミュニケーションはおこなわれない。もちろん、応答が一切ないわけではない。さきほども述べたとおり、思わず笑いが漏れたり、思わず頷いたり、あるいは、思わず涙してしまうこともある。しかし、言葉は一切交わされない。

このとき、語り手はある意味で不安定な状況に置かれる。自分の話が面白いのか面白くないのか、相手に伝わっているのかいないのか、意味があるのかないのかについて、確たる手がかりが得られない状況に置かれるからである。そうした状況のなかで、語り手は相手がどう受け取ったかではなく、自分にとってそれを語ることがどういう意味があったかという方向に関心を移さざるをえなくなる。他人の評価を求めて語るのではなく、自分のために語る。この一見シンプルなことが、通常の応答を前提とした会話の場面ではなかなか成立しないことがわかる。

通常の会話では、応答によって、励ましあいや支えあいや学びあいが生ずる可能性がある一方で、非難や軽蔑や無視をもたらす可能性もある。つまり、通常の会話にはかならず、その語り手に対するなんらかの評価が伴ってしまう。そして、語る側もそうした評価を意識しながら語る。突っ込まれないような語り方や好意的な評価をもらえそうな語り方をつい心がけてしまう。つまり、通常の会話は常に他者からの評価と査定の視線にさらされている。逆にいえば、それを意識することで、「適切な語り」や「無難な語り」が生産されていく。語りに一定の枠がはめられていくのである。

「言いっぱなし聞きっぱなし」のルールは、応答を禁ずることで、この枠を取り払い、「評価と査定のない空間」を作り出すことに成功した（野口、2002）。こうしたなかで、「自由な語り」が生み出されていく。通常の会話の場面では語られることがなかった「物語」が語られる可能性が広がるのである。

（2）ナラティヴ・コミュニティ

セルフヘルプ・グループには大きく分けて二種類のナラティヴがある。第一のナラティヴは、ミーティングで語られる参加者それぞれの「語り」である。自分がいま困っていることやつらいこと、あるいは、楽しかったことやうれしかったこと、成功談や失敗談、その他、さまざまな経験や出来事がランダムに語られていく。この意味で、セルフヘルプ・グループは、新たな語りを生み出す共同体といえる。同時に、ミーティングはこうしたさまざまな語りによって成り立っている。「語り」なしにグループは成り立たず、「語り」こそがグループを維持している。この意味で、それは、語りによって維持される共同体であるといえる。新たな語りを生み出すと同時に、そうした語りによって維持される共同体、セルフヘルプ・グループはこの意味において「語りの共同体」と呼ぶことができる。

第二のナラティヴは、グループが共有している独特の「物語」である。ＡＡには、「12のステップ」という規範的な回復の物語がある。参加者がそれをどれほど意識し信奉しているかはひとそれぞれである。しかし、いざというときに参照できる物語としてそれは存在している。また、折にふれて参照されることで、参加者の語りにゆるやかな共同性を与えている。さらに、それぞれのグループにはそれぞれの来歴に関する物語がある。誰がどういう理由でグループを作ったのか、その後、どんな紆余曲折を経ていまに至るのかといった来歴の物語である。つまり、それぞれのグループには、回復の物語と来歴の物語の二つがあって、それがグループのアイデンティティの基礎となっている。この意味で、セルフヘルプ・グループは「物語の共同体」と呼ぶことができる。

「語りの共同体」と「物語の共同体」は密接に関わり合っている。それぞれの「語り」が「物語」を補強し、より確かなものにする。場合によってはある「語り」が「物語」を変形させ、新しい「物語」を生み出すこともあるだろう。同時に、「物語」の存在が「語り」に一定の方向性を与え、共同性を与えている。この「語り」と「物語」の連続性と相互補完性を表す言葉が「ナラティヴ」にほかならない。グループやミーティングの場は「語りの共同体」でもあり、同時に、「物語の共同体」でもある。すなわち、それは「ナラティヴ・コミュニティ」として成り立っている（野口、2002）。こうした空間のなかで、参加者の回復を支えるナラティヴが生まれ展開していく。

3 「外在化」のナラティヴ

ナラティヴセラピーにおける方法上の最大の特徴のひとつが「問題の外在化」である（White & Epston, 1990）。「問題」を個人に内在するなんらかの病理や欠陥としてとらえるのではなく、「ひと」と「問題」を分けて、「ひと」と「問題」のこれまでの関係に光を当てていく。「問題が問題なのであって人が問題なのではない」という言い方がよくされる。

この考え方はアディクションの領域にももちろん適用される。摂食障害はナラティヴセラピーが早くから取り組んできた問題のひとつであり豊富な蓄積がある。摂食障害は一般に、本人のコントロール能力の欠如として本人に内在化される。これに対して、ナラティヴセラピーでは、摂食障害という問題が本人にどのような要求をし、本人はそれにどう応え、どう振り回され、どう支配されてきたかというかたちで「問題」を外在化する。こうして外在化された「問題」はしばしば「モンスター」として擬人化され、たとえば、次のような発見を導く。

「アノレキシアは約束する。「やせればやせるほどコントロールが手に入る」と、モンスターは言うけれど、やせていけばいくほど、結局入院し、何のコントロールも失うことになるのです」。「アノレキシアは巧みにだます。モンスターは私のたった一人の友達で、私はただモンスターの言うことを聞けばいいのだ、と信じ込ませます」。

「アノレキシアは束縛する。モンスターは、私が他の誰とも違うという気にさせて、人と過ごす時間をどんどん減らそうとします。そして、気づいたら私は一人ぼっちでモンスターと一緒にいるのです」。

「アノレキシアは感情をコントロールする。私がやせると、モンスターは私をいい気分にさせ、何かを達成したような満足感を与えます」（White & Denborough, 1998）。

アノレキシアというモンスターに支配された私というかたちで、「ひと」と「問題」との関係が見事に描かれている。こうして、その支配にいかに対抗していくか、その支配からいかに脱出していくかという次の課題が見えてくる。ではなぜ、われわれはこのようなモンスターの囁きに支配されてしまうのか。その背景には、われわれが生きる社会の暗黙の前提として流通するドミナントストーリーの存在がある。

男性は大きく、強く見えるのがかっこいいけれど、女性は小さく、かわいらしく、やせているように見えなければならないのです（White & Denborough, 1998）。

もちろん、摂食障害の原因をこうしたドミナントストーリーの存在だけで説明することはできない。しかし、こうした言説に多くの女性が巻き込まれていることもまた事実であろう。社会に流通するさまざまな言説やストーリーに影響されながらわれわれは自己を形成せざるをえない。こうした言説は、男性にももちろん影響する。「大きく強く見える男性」像は、アルコールとたやすく結びつく。大酒を飲んだ経験は、しばしば、男らしさの象徴となり、「力強い物語」として語られ、お酒の広告にはスポーツ選手などの男性性を強調するイメージが使われる（Monk, *et al.*, 1997）。飲酒という行動が男性性の証として称賛される社会にわれわれは生きている。

「外在化」のナラティヴは、それまでとは明らかに異なる物語を創造する。自分のなかの病理や欠陥が「問題」を生み出してきたという物語から、ある「問題」が自分を支配し振り回してきたという物語に変わる。主語が「ひと」から「問題」へと変わるのである。そして、こうした転換を経た後に、「問題に対抗する私」という新しい主語をもつ物語が始まる。「私が私のなかの病理と戦う物語」から、「私が私を支配する問題と戦う物語」へと変わるのである。ナラティヴセラピーはこのように物語の書き換えを促す方法であるといえる。

4　物語の書き換え

「言いっぱなし聞きっぱなし」と「外在化」という二つの方法は、ともに新しい物語を創造する。アディクションからの回復が新しい物語の創造によってもたらされることをこの二つの方法は示している。しかし、一見したところ、両者はかなり異なった方法のようにも見える。両者の違いはどこにあり、どのような関係にあるのか。

「言いっぱなし聞きっぱなし」においては、評価と査定のない空間によって、他人の評価を気にしながら語る物語から、自分にとって意味のある物語への転換がはかられていた。そして、そこでは、「12のステップ」という規範的な回復の物語がそれぞれの語りに一定の方向性と共同性を与えていた。「12のステップ」は次の一文から始まる。「私たちはアルコールに対して無力であり、思い通りに生きていけなくなっていたことを認めた」。ベイトソン（Bateson, 1971）が鋭く指摘したとおり、この一文の意味するところはきわめて大きい。「無力」という言葉は、アルコールをコントロールする主体からコントロールできない主体への自己認識の転換を意味しているからである。自分の欲求と戦う自分から、戦わない自分へ。ＡＡはこのような物語の書き換えをおこなう場であるといえる。

一方、「外在化」においては、文字通り、内在化の物語から外在化の物語への転換がはかられ、自分との戦いの物語から、自分を支配するモンスターとの戦いの物語へと書き換えられていた。ＡＡにおいては、戦わない物語が語られ、ナラティヴセラピーにおいては、戦いの相手が変わっている。一見、まったく異なる物語に見えるが、両者には共通点がある。それは、それまで繰り広げてきた「自分との戦い」をやめるという点である。「自分との戦い」とはすなわち、自分で自分をコントロールするということである。つまり、両者はともに、セルフコントロールの病理を修正するというドミナントストーリーに異議を唱えている。一方は、不毛な戦いから降りることで、もう一方は、戦うべき相手は自分ではなく「問題」であると考えることで、ともに自分との果てしない戦いに終止符を打つ。

とはいえ、両者には大きな違いもある。AAの12のステップには、「性格上の欠点」や「私たちの短所」といった言葉が出てくる。これらはいうまでもなく、病理や欠陥を個人に内在する特性とみなす「内在化」の言説である。しかし、AAでは、これらを自分でコントロールしたり取り除こうとはしない。「こうした性格上の欠点全部を、神に取り除いてもらう準備がすべて整った」（第6ステップ）、「私たちの短所を取り除いて下さいと、謙虚に神に求めた」（第7ステップ）というかたちで、それを神にゆだねるのである。欠点は内在化されるが、それを取り除くのは自分ではない。というよりも、自分では取り除けない。それはセルフコントロールできるものではないからである。「言いっぱなし聞きっぱなし」のナラティヴは、このような認識論を背景にしている。それはそもそも他者との対話ではなく神との対話であるがゆえに、「言いっぱなし聞きっぱなし」という形式をとらざるをえない。「自分にとって意味のある物語」とは「自分と神との関係において意味のある物語」であることがわかる。

5　おわりに

アディクションは、われわれの生きる社会のドミナントストーリーが決して普遍的なものではないこと、それどころか、その存在がある種の人々を苦しめ、問題に縛りつけてしまうような作用をもつことを教えてくれる。そこでは、新しい物語を創造することが不可欠となるが、その創造の仕方として、これまで二つのすぐれた方法が考案され実践されてきた。ひとつが「言いっぱなし聞きっぱなし」、もうひとつが、「問題の外在化」である。両者は一見まったく異なるやり方に見えるが、「自分との戦いの物語」から降りる点で共通している。一方は戦い自体から撤退し、もう一方は戦いの相手を変える。いずれも、われわれの生きる社会の基本的な前提となっているセルフコントロールというドミナントストーリーに異議を唱える点で共通する。

ところで、このような考え方は、認知の枠組を変えるという点では、認知療法と通じるのではないかという疑問が生まれるかもしれない。しかし、両者はまったく異なっている。認知療法は個人の「認知の歪み」に原因を求めそれを修正する内在化モデルである。それに対して、ナラティヴ・アプローチは、社会に流通するドミナントストーリーに焦点を当てる。セルフコントロールの欠如が問題なのではなく、セルフコントロールという規範こそが「問題」を生み出していると考える。したがって、修正すべきは、個人の認知ではなく、社会に流通する認知である。セルフコントロールという規範そのもの、あるいは、その規範以外に「問題」の語り方がないような状況こそが変えられなければならない。「物語の書き換え」は、このように社会に流通する物語に焦点を当てている。

最後にもう一点、こうした「物語の書き換え」はグループでおこなわれることが重要であることを確認しておきたい。新しい物語は、周囲のひとびとに承認され共有されることで安定する。アディクションからの回復にセルフヘルプ・グループが大きな力を発揮してきたこと、ナラティヴセラピーにおいても「アンチ拒食・過食症リーグ」（Epston, 1998）といったかたちでグループ形式がとられてきたことがこのことを裏付けている。世間に流通するドミナントストーリーに対抗するオルタナティブストーリーを育てるにはグループの支えが不可欠である。「物語」は個人の頭のなかではなくグループのなかに宿る。グループのなかでこそ「物語」はより生き生きと展開していく。物語の書き換えとナラティヴ・コミュニティは不可分の関係にある。

III　対話とネットワーク

第七章　ナラティヴとオープンダイアローグ
――アディクションへの示唆

ナラティヴと対話は切っても切れない関係にある。対話のないところにナラティヴは生まれず、対話こそがナラティヴを変容させていく。ナラティヴ・アプローチは対話を重要な要素として発展してきたが、近年注目されるオープンダイアローグは、対話に関してナラティヴ・アプローチとは異なる新たな意味を見出しているように思われる。オープンダイアローグはわれわれに何を提起しようとしているのか。それはナラティヴ・アプローチとどう異なるのか。さらにそれはアディクションにどのような新しい理解をもたらすのか。ナラティヴ・アプローチとオープンダイアローグを比較しながら、これらの問題について検討する。

1　ナラティヴ・アプローチにおける対話

ナラティヴ・アプローチは対話を重要な要素として発展してきた。ナラティヴ・アプローチにおける三つの代表的方法、すなわち、ナラティヴ・セラピー（White & Epston）、コラボレイティヴ・アプローチ（Anderson & Goolishian）、リフレクティング・チーム（Andersen）のいずれにおいても対話はそれぞれ重要な位置を占めている（野口、2002）。まずは、これら三つの方法が対話をどのように位置づけてきたかを見ておこう。

(1) ナラティヴ・セラピー

ホワイトらの実践においては、彼ら独特の「外在化する会話」に大きな特徴がある。「問題の染み込んだストーリー」から脱出するために、まずは「問題」に名前を付け、「問題」を「ひと」から分離し「外在化」する。「問題が問題なのであってひとが問題なのではない」という一貫したスタンスから対話が始まる。「問題」によっていままでどのような影響を受けてきたか？　その「問題」にいままで振り回され続けてきたのだが振り回されなかった経験（「ユニークな結果」）はないか？　といったいままでにしたことのない対話によって、いままで考えたこともなかった世界が広がっていく（White & Epston, 1990）。

「外在化」を促す質問や「ユニークな結果」の発見は、自由な対話の展開というよりは意図的な対話、誘導的な対話のように見えるかもしれない。しかし、それは対話の最初の部分だけであって、その後の対話の展開がどこに行き着くかをセラピストが知っていてそこに誘導しているわけではない。問題の染み込んだストーリーからひとを分離するための誘導であって、一旦、ひとと問題が分離された後は、むしろ、そうした対話をできるだけ「分厚く」していくことに力点が置かれる。そこでは話し言葉だけでなく「手紙」などの書き言葉による対話も利用される。この意味でホワイトらにおける対話は、新しい世界、新しい物語を探索し、それを分厚くしていくための手段と位置づけることができる。

(2) コラボレイティヴ・アプローチ

アンダーソンらの実践においても対話はきわめて重要な位置を占めている。ただし、そこでは「対話」(dialogue)という言葉も使われるが、より日常的な響きをもつ「会話」(conversation)という言葉が多く使われる。アンダーソンらが実践する「治療的会話」は「無知の姿勢」から生み出される。この背景には、専門家が一段上のポジションから問題を診断したり治療したりするのではなく、「会話のパートナー」となることで「いまだ語られなかった物語」が語られ、それが新しい物語の生成へとつながるという考え方がある。

彼らの実践において特徴的なのは、「問題は言語の世界のなかに存在する」という立場をとることである。それは、治療システムを「言語システム」ととらえ、「問題を解決するのではなく解消するシステム」(problem dis-solving system)ととらえる点に端的に表れている(Anderson & Goolishian, 1988)。「問題」をめぐる会話が「問題」をよりリアルなものにしていく。「問題」をめぐる会話の占める割合が減っていけば、その分「問題」は後景へ退いていく。つまり、解決はしないが解消する。会話こそが「問題」を生み出すと同時に、「問題」を「問題」ではなくする力をもっている。アンダーソンらにおける会話は「問題」の存立と消滅の鍵を握る重要なシステムとしてとらえられている。

(3) リフレクティング・チーム

アンデルセンらの実践は、その最初の著書 *The Reflecting Team* の副題が "*Dialogues and Dialogues about the Dialogues*" であることからもわかるように、「対話」に最大の焦点が置かれている。「対話とその対話についての対話」というやや回りくどい副題の含意はリフレクティング・プロセスの仕組みを知っているひとにはすぐに想像がつく。ワンウェイ・ミラー越しに専門家チームが家族を観察し介入するという従来の家族療法の常識を逆転させて、家族が専門家チームの対話を観察しながら対話をするという斬新な方法がとられたからである(Andersen, 1991)。

ここでは、①家族の対話、②それを観察する専門家チームの対話、③それを観察する家族の対話、④それを観察する……と、「対話とその対話についての対話」が延々とくりかえされていく。ここで重要なのは、対話の内部にとどまって対話を深めるのではなく、対話の外部からの視点を参照

（リフレクト）すること、すなわち、自分たちの対話が外からどのように見えるのかという視点を取り入れながら対話を深めていく点である。こうすることで、自分たちが暗黙のうちに前提にしているコンテクストが浮かび上がり、「問題」というテクストとそれを支えるコンテクストの関係が見えてくる。また、専門家が家族に観察されていることを意識しながら対話することによって、結果として、専門家と家族のフラットな対話が成立する。このアイデアに大きく影響されながら、それをさらに一歩推し進めたのがオープンダイアローグである。

2　オープンダイアローグの衝撃

オープンダイアローグはフィンランドの西ラップランド地方でセイックラらを中心におこなわれてきた精神医療の新しい実践システムである。精神病薬を最小限しか使わずに五年予後で七九％症状がみられないという驚異的な治療成績をあげている点で注目を集めているが（Whitaker, 2010）、そこにはいくつかの革新的な考え方と方法がある。

その第一は、統合失調症などの精神病が疑われるケースの連絡を受けた場合に、二四時間以内に地域の精神病院のスタッフチームがケースのもとに出向いて最初のミーティングをおこなう点である。第二は、ミーティングには本人、家族のみならず、地域、職場、援助専門職などの関係する主要なネットワークメンバーに声をかけて参加してもらう点である。第三は、いかなる治療的決定も本人が参加しているミーティングの場でおこなう点である（Seikkula, et al., 2003a）。

かつて、「ネットワーク・セラピー」という方法が注目されたことがあった（Speck & Attneave, 1973; 斎藤、1985）。一般的な家族療法の枠を超えて関係するネットワークメンバー全体を視野に収めて介入するやり方で、オープンダイアローグと似ているところがあり、セイックラらもこれに言及している（Seikkula, et al., 2003a）。ただし、このやり方は関係するメンバー全員を集めると数十人規模になることもあり、たとえ効果があるとしても実施に大変な手間がかかった。オープンダイアローグは基本的にこの視点を受け継ぎながらも、「主要な」ネットワークメンバーに限定することで実施しやすくするとともに、人数よりもミーティングの継続性に重点を置く。「継続性を大切にして必要とされる限り治療の責任を負う」のである。

以上のようなシステムとしての特徴の背景には、精神病に関する彼ら独特の考え方がある。彼らによれば、精神病とは「一時的で過激で恐怖に満ちた、普通のコミュニケーションからの疎外」であり、病者は「誰もいない場所」にいて、「耐えがたい経験が言葉にならず、声にならず、主体としてふるまえないでいる」。したがって、治療の目標は、「奇妙な言動や幻聴や幻覚として表現されている彼らの経験を言葉にしていくこと」に置かれる。言葉にならない経験に言葉を与えていくこと、その言葉を生み出すのが、「開かれた対話」にほかならない（Seikkula, et al., 2003b）。

さらに彼らは言う。「精神病は人間関係の破綻から生じる」。「精神病は頭の中に宿るのではありません。家族のメンバーの間に、人と人の間に宿るのです」。「病気は関係の中に存在します。症状が出た人は、悪い状況を可視化している。患者は「症状を身にまとい」、重荷を背負っているのです」（Whitaker, 2010）。ここでは、精神病が具体的な対人関係のあり方の問題であること、普通のコミュニケーションの世界から疎外され孤立した状態こそが問題であることが主張されている。脳内のなんらかの変化が対人関係のあり方に表れるのではなく、対人関係の不備それ自体が精神病と呼ばれているということである。

こうして、治療の目標は脳内の状態を変化させることではなく、具体的な対人関係のあり方を変化させることに置かれる。主要なネットワークメンバーが集まるミーティングはまさに対人関係の修復の第一歩となる。あらゆる治療的決定を本人を含むミーティングの場でおこなうことはネットワークの実質化と強化を意味する。つまり、ここで、ネットワークメンバーは単に本人の適応を支えるための手段なのではない。それは本人に必要なものそれ自体、治療の目的それ自体といえる。普通のコミュニケーションをする場から疎外され孤立していることが問題なのだから、普通のコミュニケーションができる場を作ることが目的となる。ネットワークを使って治療するのではなく、ネットワークの欠陥を治療するのでもなく、ネットワークの再建それ自体が目的となる。

さらに、こうした考え方から精神病薬の使用を最小限度にするという方針も導かれる。「もし薬を飲んだら、鎮静作用のせいで「生きがいを見つけること」ができなくなってしまうかもしれない」。「そうなると患者さんはただ受け身になって、自立できなくなるでしょう」（Whitaker, 2010）。対人関係を修復し豊かにすることが重要であり、それが「生きがい」の発見につながっていく。

「精神病の症状が比較的早く緩和しても、治療チームは患者の「生きがいの発見」に力を注ぎ、対社会関係の修復をはかる。実はこちらのほうがずっと大仕事なのだ」。対人関係の修復がまず目指されるが、それだけでは十分とはいえない。「生きがい」を見つけることがさらに重要である。しかし、「生きがい」は具体的な対人関係のなかでしか生まれない。「開かれた対話」は具体的な対人関係を確保するとともに、そのなかで「生きがい」を見出すための重要な手段として位置づけられている。

3　ナラティヴ・アプローチとの差異

さて、以上の紹介から、ナラティヴ・アプローチとオープンダイアローグの共通点と相違点はどのように整理することができるか。まずは共通点からみていこう。

セイックラ自身も述べているように、オープンダイアローグは同じ北欧圏ということもあってアンデルセンらのリフレクティング・チームから大きな影響を受けている。専門家と家族とその他の関係者が一緒になっておこなうミーティングという形式はアンデルセンらと共通である。先ほどのアンデルセンらの紹介では、専門家と家族が二つのグループに分かれておこなう例を紹介したが、メンバーをシャッフルして、専門家と家族が混じったグループを二つ作るやり方もある。この場合、オープンダイアローグときわめて近い形であるといえる。

また、オープンダイアローグは、アンダーソンらの考え方、ホワイトらの考え方からも大きく影響を受けている。「社会構成主義」の立場に立ち、「介入の対象」、「構造」、「ゲーム」などの用語を使わずに、「複数の主体」、「複数の声（多声性）」を重視し、「言語パラダイム」に立脚し、「ポスト構造主義的視点」をとる点は彼らと同様であるとセイクラ自身述べている（Seikkula, et al., 2003b）。システムの客観的構造を診断し介入するという古典的システム論、セラピストを含んだシステムを視野に収めるセカンド・オーダー・サイバネティクスを経て、言語システムとしての治療システムへと行き着いた「言語論的転回」の流れのなかに彼らの実践もまた位置づけることができる。

しかし、一方で、明らかな違いも見られる。その第一は、ネットワークの再生を直接目指す点である。ホワイトら、アンダーソンらにおいて、まず目指されるのは本人または家族が「問題の染み込んだストーリー」から脱出し「問題」を解消していくことであった。そして、それが解消した後にネットワークや社会へと復帰していく。ホワイトらはその「社会復帰」を円滑にするため、「認定書」の発行や「定義のための儀式」などの様々な工夫をおこなった。これに対して、オープンダイアローグは直接、復帰すべきネットワークや社会の再建に取りかかる。本人や家族が変化してから社会復帰するのではなく、ネットワークそれ自体から手をつけるのである。オープンダイアローグは本人と本人が復帰すべき社会をセットで再生しようとする。このように考えると、ナラティヴ・アプローチは「病理モデル」や「個人主義モデル」を否定しながらも、なお、それらの残像のようなものを引きずっていたことがわかる。

第二に注目すべきは、オープンダイアローグがいまだ言葉が与えられていない経験に言葉を与えることを重視する点である。ナラティヴ・アプローチにおいては、専門家言説などの呪縛からいかに解放するかという点に重点があった。そこでは、ひとびとを呪縛するドミナント・ストーリーからいかに脱し、新しいオルタナティブ・ストーリーをいかに構築していくかに焦点があった。これに対して、オープンダイアローグではその点はあまり強調されない。そうではなく、言葉をもたない経験に言葉を与えていくことが強調される。この違いは、病気の種類や状態ともおそらく関係している。ナラティヴ・アプローチが長い間治療に通いながら改善しない困難ケースを扱って注目されたのに対し、オープンダイアローグは統合失調症の初期を主な事例としているからである。しかし、このような違いを考慮にいれてもなお、ナラティヴ・アプローチとの強調点の違いを見出すことができる。

第三に指摘しておきたいのは「感情」の扱い方についてである。これまでふれてこなかったが、セイックラらはオープンダイアローグを「愛の具現化」ととらえる興味深い論文（Seikkula, *et al.*, 2005）を発表しており、「感情」について明示的に論じてこなかったナラティヴ・アプローチとの大きな違いを見せている。セイクラらは「なぜ、ネットワークミーティングにおける対話が治療的経験となるのか」という問いを立て、「愛の感情が、専門職を含むネットワークメンバーの間で交わされ共有されるときに変化が起こる」、「愛の感情が生まれることは、ひとびとの「感情の相互調整」がうまくいっていることの指標となる」と述べている。オープンダイアローグはネットワークを修復して対話を復活させる。しかし、それだけではまだ十分とはいえない。そうした対話を通してひとびとの間に愛の感情が生まれるとき、それは治療的効果をもつ。「誰もいない場所」にひとり佇む患者にとってこれがもっとも必要なものであることは容易に想像がつく。ナラティヴ・アプローチが実際には重要な指標として活用しながら明示的に論じてこなかった「感情」、その重要な働きについて正面から論じる点にオープンダイアローグの大きな特徴がある。

4 アディクションへの示唆

以上、ナラティヴ・アプローチとオープンダイアローグにおける対話の意味について検討してきた。両者は対話を新しい意味が生成する場所としてとらえる点で共通するが、オープンダイアローグはさらにその対話の生成する場所であるネットワークを重視し、そこに直接働きかける点、言葉のない経験に言葉を与える点、そして、愛という感情の生成を重視する点でナラティヴ・アプローチと異なっている。ナラティヴ・アプローチは「言語論的転回」、「物語論的転回」の産物として、「言語」と「関係」を重視するパラダイムを発展させてきたが、オープンダイアローグはそこからこぼれ落ちる「経験」や「感情」に光を当てている。ナラティヴ・アプローチは言語至上主義と批判されることがあるが、そうした批判を乗り越えるうえで、オープンダイアローグはひとつの方向性を示しているといえる。

では、こうした視点はアディクションの領域にいかなる示唆を与えるか。この問題を最後に検討しておこう。まず最初に気づくのは、アディクション治療とオープンダイアローグではネットワークに関して正反対の視点をとることである。周知のとおり、アディクションの領域では、ネットワークは患者の嗜癖行動を支えるイネイブラーとしてとらえられ、ネットワークによるそれまでの不適切な支援を断ち切って、問題を本人に返すことが重視される。そこで支援を断ち切る際に「タフ・ラブ」という言葉が使われることは象徴的であり、オープンダイアローグにおける「ラブ」との差異を見事に表している。

もう一点気づくのは、アディクションがセルフヘルプ・グループという形式を重視し、同じ病気をもつひとびとのコミュニティによって回復していく点である。オープンダイアローグが患者を取り巻く身近なネットワークの再建を目指すのと対照的に、アディクトたちは自分のネットワークとは別のところに患者同士の新たなコミュニティを形成して回復していく。身近なネットワークの再建と新たなコミュニティの形成、オープンダイアローグとアディクションはここでも好対照を見せている。

この好対照はもちろん統合失調症とアディクションという病気の違いを反映している。統合失調症はネットワークからの疎外を主たる特徴とするのに対し、アディクションはネットワークへの過度の依存を主たる特徴とする。それゆえ、ネットワークの再建とネットワークからの離脱という正反対の方策がそれぞれ意味をもつ。統合失調症の患者はネットワークからの疎外と孤立を症状行動で表現し、アディクションはネットワークに寄りかかることで症状行動を継続している。もちろん、アディクションに至る背景には、彼らなりのネットワークからの疎外や孤立が原因としてあるだろう。しかし、そこで両者がとる「解決策」は大きく異なる。統合失調症においては幻聴や幻覚という形でネットワークの不備を補おうとするのに対し、アディクションにおいてはネットワークに過度に依存することでネットワークを回復しようとする。

このように考えるとき、あらためて気づかされるのが、両者とも個人とネットワークの間に生ずる病いであるという点である。「病気は関係の中に存在します。症状が出た人は、悪い状況を可視化している。患者は「症状を身にまとい」、重荷を背負っているのです」（Whitaker, 2010）という言葉はアディクションにもそのままあてはまる。二つの病いはどちらもネットワークのなかに存在する。そして、そのネットワークをネットワークたらしめるものが対話である。対話のないネットワークはもはやネットワークと呼ぶに値しないであろう。対話によって生まれ、対話によって維持されるネットワーク、これなしにわれわれは満足に生きられないことをこの二つの病いは示している。

アディクションの領域において、ナラティヴ・アプローチはこれまでも重要な示唆を与えてきた。とりわけ、アディクションからの回復に欠かせないセルフヘルプ・グループを新しい物語を生み出し共有する場、すなわち、「ナラティヴ・コミュニティ」としてとらえることで、回復における「物語」の重要性に光を当ててきた（野口、2002）。しかし、これまで見てきたように、オープンダイアローグはそれとは異なる側面に光を当てている。それは、アディクションが個人とネットワークの間、その関係を表現しているという点である。そして、そのネットワークの質を決定するのがそこでおこなわれる対話である。対話は新しいナラティヴを生み出すことによって新しい生き方を可能にする。同時に、対話はネットワークを再建することによって新しい生き方を可能にする。対話のもつこの二つの豊かな可能性をわれわれは今後も大切にしていく必要がある。

第八章　ソーシャルネットワークの復権

1　オープンダイアローグの魅力

オープンダイアローグはさまざまな魅力をもっている。そのどの部分を取り上げるかによってオープンダイアローグのイメージは変わってくるし、どこに魅力を感ずるかは立場や関心によってそれぞれであろう。筆者もまたいくつかの点で衝撃を受け、筆者が学んできたナラティヴ・アプローチと比較しながら、その共通点と相違点についてまとめたことがある（本書第七章）。まずはその要点を紹介しておこう。

オープンダイアローグは、セイックラ自身述べるとおり、「社会構成主義」を理論的背景にしており、ナラティヴ・アプローチと基本的な考え方を共有している。「介入の対象」、「構造」、「ゲーム」などの用語を使わずに、「複数の主体」、「複数の声（多声性）」を重視し、「言語パラダイム」に立脚し、「ポスト構造主義的視点」をとり、「言語論的転回」の流れのなかに位置づけられる点がまさに共通する点である（Seikkula & Olson, 2003; Seikkula et.al., 2003）。

一方で、相違点としては、次の三点をあげることができる。

第一は、ソーシャルネットワークの再生を直接目指す点である（Seikkula & Olson, 2003）。ナラティヴアプローチにおいては、まずは、「問題」のしみ込んだ物語から脱出し「問題」を解消することが目指され、それが達成された後に、本人を取り巻くネットワークに復帰していくという手順をとる。これに対して、オープンダイアローグでは本人と関わりのあるネットワークメンバーに最初から集まってもらい、ネットワークそれ自体を再生していく。

第二は、いまだ語られていない経験に言葉を与えることを重視する点である（Seikkula & Olson, 2003）。この点は、ナラティヴ・アプローチにおいても、「いまだ語られていない物語」という形で重視されてはきた。しかし、そこでは、「ドミナントストーリー」に支配されているがゆえに語ることができなかったという点に強調点があった。これに対して、オープンダイアローグではその点は強調されない。ひたすら対話を重ねることによって、いまだ語られていない経験、幻聴や妄想という形でしか表現されていない経験に言葉を与えていくことに力点が置かれる。

第三は、「愛の感情」を重視する点である（Seikkula & Trimble, 2005）。ナラティヴ・アプローチは、「言語」や「物語」の作用を重視することで独自の視界を切り拓いてきたが、その分、「感情」については明示的に論じてこなかった。オープンダイアローグは、ミーティングの場で生まれる「愛の感情」の重要性に正面から言及する点で、いわゆる「言語論的パラダイム」の枠組には収まらない重要な一歩を踏み出している。

以上が、筆者が衝撃を受けた三つの特徴であるが、本章では、第一の点、すなわち、ネットワークの再生を直接目指すという点に焦点をしぼってその意義を検討する。そして、それが、第二、第三の特徴とどのような関係にあるかについても検討したい。

2　ネットワークミーティング

ネットワークミーティングは、周知のとおり、そこに参加するメンバーの構成に大きな特徴がある。患者本人、家族、最初に連絡を受けた危機対応チームのほかに、親族、友人、関係する専門職など、本人にとって重要な関係者全体が集められる。本人をとりまく重要な他者のすべて、すなわち、ソーシャルネットワークが主体となるのである。もちろん、これらのメンバーすべてが同時に集まることは現実的に難しいが、参加できないひとも次回は参加するというように可能な限り参加の機会を作っていく。セイックラらの最初の本の題名が示すように、オープンダイアローグとは、「ソーシャルネットワークという場で対話的なミーティングをすること」にほかならない（Seikkula & Arnkil, 2006）。

このように、オープンダイアローグにおいてソーシャルネットワークは中心的な役割を果たすが、ネットワークを重視する方法は精神医療の領域でオープンダイアローグが初めてではない。そのひとつは、セイックラらも言及している「ネットワークセラピー」である。それは、端的にいえば、家族療法の拡大版で、本人と家族だけでなく彼らと深い関係にある親族、友人、近隣などを巻き込んで大規模なミーティングをおこなう方法である（Speck & Rueveni, 1969; Attneave, 1969）。そこには、精神病が家族という次元で生じるのではなく、より大きな社会システムに根差しており、その両者を媒介する位置にあるのがソーシャルネットワークであるという考え方がある。また、個人や家族の孤立化が進み、ソーシャルネットワークが衰退していることが精神病と深く関係しており、ソーシャルネットワークを再生強化し、バラバラで希薄になった関係を強めて皆で協力して問題を乗り越えていくひとつの「部族」をつくるという考え方があった。

一九六〇年代から七〇年代という時代は、ネットワークセラピーが生まれた米国においても都市化や産業化が進み、それまでの地縁血縁を中心とする社会関係が急速に崩れていく時代で、そうした状況の中で、失われた絆を再生することの重要性が強調されていた。また、社会学の領域では、地縁血縁が弱まっても友人知人などのネットワークが拡大してそれを代替しており、そうしたネットワーク総体が個人の生活や人生において重要な役割を果たしていることが発見された時代でもあった。こうした時代背景のもと、ネットワークセラピーは注目された。しかし、その後、家族療法家の関心がシステム論やコミュニケーション論の最新の成果の応用へと向かうなかで、ネットワークへの関心は次第に薄れていった。

ネットワークを重視するもうひとつの考え方は、専門機関の連携や協働を強調するいわゆる「機関ネットワーク」である。専門機関の縦割り行政を反省し、有機的で効率的な連携体制を構築することはいまや医療や福祉の世界の「常識」となっており、現実にどれだけ達成されているかは別として、「目標」としては多くのひとに共有されるようになっている。この機関ネットワーク（あるいは専門家ネットワーク）と、オープンダイアローグが重視するソーシャルネットワークは一見別物に見えるかもしれない。しかし、ネットワークミーティングには関係機関の専門家も招かれる。そして、ネットワークミーティングとは別のところではいかなる決定もおこなわず、また、ネットワークミーティングとは別のところでスタッフミーティングをおこなわない。つまり、ネットワークミーティングは、ネットワークセラピーが対象とするようなソーシャルネットワークと機関ネットワークの両者を含み統合するものであることがわかる。

本人から見て重要な他者のなかには、親戚や友人だけでなく、病院や保健所や福祉事務所やその他の機関の専門職が当然含まれる。ここには、本人の生活や人生に関わりのある他者全体を含むという本人中心の視点がある。さらに、この視点に立つことで、家族をもたない単身者にも支援の手を差し伸べることができる。かつて、日本でもネットワークセラピーが試みられたことがあり、筆者もそこに関わったことがあるが、そこでは主として単身のアルコール依存症者を対象にしていた（斎藤、1985; 野口、1989）。ソーシャルネットワークという概念は、家族という領域を単に拡大したものなのではなく、家族をもたないひとの生活をもとらえることのできる概念であるといえる。

3 「個人化」と「専門化」

オープンダイアローグはソーシャルネットワークの再生と強化をはかる。本人が回復してからネットワークに復帰するのではなく、本人の生活の場であるネットワークそれ自体の再建に最初から取りかかる。ネットワークの強化という意味ではネットワークセラピーの目指すところと同じだが、ネットワークセラピーが希薄化したネットワークの強化を目指したのに対し、オープンダイアローグは希薄化というよりも関係のあり方を変えることに重点を置く。「独話的な関係（モノローグ）」から「対話的な関係（ダイアローグ）」への転換である。ここに一九七〇年代とは大きく異なる問題意識と社会の変化がある。

ネットワークセラピーは都市化や産業化に伴い希薄化したネットワークを再度濃密化すること、いわば、失われたネットワークの復活に力点があった。これに対し、オープンダイアローグが注目するのは失われたネットワークではなく、存在してはいるが独話が支配していて対話がないネットワークである。そこに対話を成立させること、対話が成立するような関係を生み出すことが目指される。

こうした問題意識の背景には、現代社会で進行する「個人化」と「専門化」という事態がある

（Seikkula et.al., 2003）。セイックラらは、「多問題家族は多機関家族」（Imber-Black, 1988）という言葉を引用して、家族が多くの問題を抱えるほど多くの機関の専門家に関わらざるを得ない状況を指摘する。それらの機関は「専門化」の進展とともに生まれたもので、縦割りで縄張り意識が強く、連携に乏しいので、家族はたらい回しにされたり、結局のところ責任をもつひとがいない状況に置かれたりして、問題はより悪化していく。こうした状況を改善するためには、まずは機関ネットワークを作ることが必要だった。それが「北欧型ネットワークセラピー」の始まりだったという（Seikkula, *et al.*, 2003）。しかし、これだけではまだ不十分だった。利用可能な社会資源が不足していたからである。そこで患者や家族のネットワークという資源を招き入れることが考案された。まずは、機関相互の連携を高める必要が生じ、次に、援助資源を増やす必要が生じて、今のような形のネットワークミーティングが生まれたのである。

そして、この背景には、現代社会で進行する「個人化」という状況があった。「個人化」は社会学の領域で九〇年代以降注目されてきた概念で、親族や地域社会などの伝統的集団が衰退して個人を包摂し保護する力をなくし、個人が社会にそのまま投げ出されるような事態を指す（Beck, 1992; Bauman, 2001）。こうした状況が北欧で特に顕著になったのは福祉国家体制と関係がある。福祉国家とは個人の福祉を親族や地域社会に委ねるのではなく国家が保障することを目指す社会だからである。そして、こうした体制の整備が同時に医療や福祉の「専門化」を推し進め、家族や地域社会に代わってさまざまな支援をおこなう専門家が配置されることになる。つまり、「個人化」と「専門化」は表裏一体の関係にあり、同時に進行する。そして、その「意図せざる結果」が、「多問題家族は多機関家族」という状況であったといえる。

こうした状況のなかでネットワークミーティングは生まれた。「個人化」と「専門化」がもたらす弊害を乗り越えるための窮余の策としてそれは生まれたのである。そして、そこに「対話」の思想と方法が持ち込まれた。「専門化」の弊害をなくすためには、専門家の縦割り意識や縄張り意識を捨てて、専門家が相互に耳を傾けあい協力しあう必要がある。それぞれが専門性を競いあう「独話」ではなく、それぞれの声を尊重しあう「対話」をする必要がある。また、招かれた親族や友人たちも、本人や家族を助ける貴重な社会資源として、それぞれの声が尊重される必要がある。合理的な解決策を見つけるのではなく、それぞれの有効性を競いあうのでもなく、不確実性に耐えながら、参加者が互いに貴重な資源としてその場に参加する方法、それが「対話」だったといえる。そして、この「対話」がネットワークを「新しいコミュニティ」(Seikkula & Arnkil, 2006) の核へと変えていく。

4 「問題」をネットワークで背負う

以上の検討から明らかになるのは、最初に述べたネットワークを直接再生するという第一の特徴は、いまだ語られていない経験を語るという第二の特徴、愛の感情を重視するという第三の特徴と密接に関係していることである。

第二の特徴は、支配的な物語からの脱出ではなく、いまだ語られていない経験を語ることを重視する点にあった。ネットワークの再生は単に失われた絆を回復することなのではなく、ネットワークメンバーが相互に資源となって協力しあう関係になることに重点がある。そのとき重要なのは、相互にどのような資源となりうるのかを明らかにすることである。いま起きている問題を明らかにして対策を練るのではなく、いまだ語られていない経験や思いを持ち寄って、相互に資源となりうる道を探る。ネットワークの再生はこのようにお互いを知り理解することによって果たされる。

そして、第三の特徴である愛の感情の重視も、このような形でのネットワークの再生を考えれば必然的なことといえる。いままで知らなかったお互いの経験や思いにふれるとき、愛の感情が呼び起こされる。知的には理解できなかったことが感情的に理解できるようになる。そして、それぞれの声に耳を傾け尊重しあう関係それ自体がかけがえのないものとして感じられる。ネットワークの再生はいまだ語られていない経験を語りあうことと不可分の関係にあり、これらが結果として生み出すのが愛の感情なのだといえる。

オープンダイアローグはソーシャルネットワークを対話が生まれる場に変える点に大きな特徴をもつ。単にネットワークを再生するのではなく、単に対話を生み出すのでもない。ソーシャルネットワークを対話的関係にしていくことに独自の意義がある。では、このような試みは、従来の試みと比べてどのような意味をもつか。家族療法の代表的アプローチと比較しながら、その意味を最後に確認しておこう。

家族療法は周知のとおり、セラピーの個人モデルを批判して、家族という集団を対象にそれをシステムとしてとらえることで発展してきた。そして、そこで発見されたのは「悪循環するシステム」という現象だった。円環的因果律のなかで「問題」が発生し維持される関係を発見したことは、システムアプローチの大きな貢献といえる。一方、ナラティヴ・アプローチは、「言説に支配されるシステム」を発見した。人間が織りなすシステムを言語的システムととらえ、「問題」とは言語的に構成される現象であり、「問題の外在化」など言語の使用の仕方を変えることで「問題を解決せずに解消する」方法を見出した。これに対して、オープンダイアローグが発見したのは「独話に支配され対話のないシステム」だったといえる。

これら三つの方法を比べるとき見えてくるのは、「問題」に対するとらえ方の違いである。システムアプローチは、「問題」の発生する場所を個人から家族システムへと移動させた。ナラティヴ・アプローチは、「問題」の発生する場所を、家族システムから家族が織りなす言語システムへと移動させた。これに対して、オープンダイアローグは「問題」の発生場所を特定することをやめて、「問題」をめぐって対話をおこなうネットワークを作り上げた。「問題」のありかを特定して対処するのではなく、「問題」をめぐって語りあう関係、ネットワークを作り上げることに重点を移したのである。

このように考えると、ナラティヴ・アプローチは結局のところ、患者や家族の言説資源や認知枠組の拡大変容を目指すという意味で、いわゆる「病理モデル」の枠を出ていなかった可能性がある。結果的に、個人の変化が目指されるからである。これに対して、オープンダイアローグでは、個人の変化ではなく、個人が取り結ぶ関係の変化が目指される。このとき、個人の能力や資質は変わらなくてもかまわない。個人の能力や資質ではなく、個人が生きる場や関係を豊かにすること、ひとりでも頑張れる能力ではなく、みんなで生きていく関係を作ること、そうすれば個人の能力は変わらなくても生きていける。この点に、オープンダイアローグと従来のアプローチの大きな違いがある。

問題を個人で背負うのではなくネットワークで背負うこと、そうすれば問題は解決しなくともその重みは軽くなる。そして、このようなネットワークが生まれるとき、結果として問題は解決していく。斎藤（2015）が述べるように、解決や治癒はシステムが生み出す産物（「廃棄物」！）として結果的にもたらされるのである。オープンダイアローグはこのような新しい世界をわれわれに提示しているように思われる。

第九章　ナラティヴと感情

ナラティヴ・アプローチの登場以降、臨床領域ではこれに触発されたさまざまな試みが展開してきた。司法の領域では、「ナラティヴ・メディエーション」が生まれ、精神医療の領域では「オープンダイアローグ」といった革新的な方法が生まれている。これらはいずれも現実は言葉と物語によって構成されるという社会構成主義の視点から出発するが、それだけにとどまらずに、従来のナラティヴ・アプローチではあまり論じられてこなかった「感情」という要素を重視する点に特徴をもつ。とりわけ、オープンダイアローグは「感情」について正面から論じることで独自の世界を切り拓いている。

こうした試みが示唆するのは、ナラティヴと感情の関係をどう考えるべきかという問題である。社会構成主義とナラティヴ・アプローチは、言葉と物語の働きに着目することによって、現実の新しい理解の仕方を生み出してきた。しかし、そのとき、言語と物語以外の要素、とりわけ感情については周辺的な位置づけしか与えられてこなかった。上述の新たな試みはこの問題をあらためて検討することを要請しているように思われる。

ナラティヴ・アプローチをはじめとするさまざまな臨床実践において感情はどのように扱われてきたのか。また、感情はそれらの理論モデルのなかでどのようなものとして位置づけられてきたのか。また、そうした位置づけは結果としてどのような現実を構成してきたのか。これらが本章で検討したい課題である。

以下、まず最初にさまざまな臨床モデルにおける感情の位置づけについて概観し、次に、ナラティヴ・メディエーション、および、オープンダイアローグにおける感情の位置づけについて検討し、最後にこれらが提起する問題について考察する。

1　感情と臨床

(1) 司法モデルと医学モデル

さまざまな臨床的場面において、感情は重要な役割を果たしている。「感情の傷つき」は事態の深刻さを表す重要な指標となるし、「感情へのケア」は臨床実践を構成する重要な要素となる。この意味で、さまざまな臨床実践はそれぞれに「感情」と「ケア」を不可欠の要素として成り立っているといえる。

しかし、さまざまな臨床的場面をより詳細に見ると、「感情」の位置づけは微妙に異なっていることに気づく。たとえば、調停の場面では、「感情の傷つき」はそれ自体が回復されるべき被害の一部とみなされるのに対し、サイコセラピーの場面ではそれはなんらかの病理の結果とみなされ、病理からの回復が優先される。各種のサイコセラピーにおいて、「感情の傷つき」や「不適切な感情」が取り上げられるが、それは、なんらかの病気や障害の結果、あるいは、症状のひとつであって、セラピー自体が取り組むのはそうした感情を生み出す「認知の歪み」であったり、「不適切な行動」であったりする。

感情の位置づけに関するこうした違いは、いわゆる「司法モデル」と「医学モデル」の違いを想起させる。「司法モデル」では、なんらかの被害がもたらしたものとして感情を位置づけ、その感情が被害の程度に照らして適切かどうかが問われる。そして、感情の傷つきもまた被害の一部として賠償の対象として位置づけられる。つまり、被害と感情との対応関係がまず問われ、次に、その傷つきの程度が適切かどうかが問われ、それが適切であれば賠償の対象となるという手順をとる。

これに対して、「医学モデル」では、感情はなんらかの病理の結果として生じているものとしてとらえられる。ただし、身体疾患と精神疾患ではその扱いが異なる。身体疾患の場合には、疾患が重篤であれば感情の傷つきや混乱も大きく、軽度であれば傷つきや混乱もすくないという想定がなされる。つまり、身体疾患とそれによってもたらされる感情の傷つきや混乱とは一定の対応関係のあるものとしてとらえられる。この点では、司法モデルと同様のロジックをとっている。

これに対して、精神疾患の場合は、感情の傷つきや混乱はひとつの症状として扱われ、それを生み出している病理の重篤度との対応関係は一般に想定されない。たとえば、うつ病はうつ的な感情をともない、統合失調症は不安や恐怖の感情を伴うというように、ある病理とある感情の特徴的な対応関係は想定されるが、それは重篤度を表すものとはみなされない。

このように考えると、司法モデルと医学モデルは単純に異なる原理に立つものではないことがわかる。司法モデルと身体疾患モデルは、なんらかの事実とその結果としての感情の適切な対応関係を想定することで成り立っているのに対し、精神疾患モデルではそうした対応関係を想定しないことで成り立っている。感情社会学の用語でいえば、司法モデルと身体疾患モデルは一定の感情規則を前提に感情のありようを評価するのに対し、精神疾患モデルではそうした感情規則があてはまらないことを前提に理論を組み立てているといえる。

（2）回復の指標としての感情

次に、感情の傷つきや混乱に対する対処の結果における違いについてみてみよう。感情の傷つきや混乱の原因が何であれ、司法モデルも医学モデルもそれらが結果として消失するか軽減することが目標となることに変わりはない。司法モデルではそれは端的に賠償金という形で果たされ、医学モデルでは疾患の治癒ないしは寛解というかたちでもたらされる。つまり、いずれにおいても、司法的あるいは医療的行為が適切であったかどうかを判断する際に、ネガティブな感情の消失または軽減は重要な指標となる。さらに、喜びや安堵というポジティブな感情がみられればなお一層、専門的行為の適切さが明らかになる。この点は、調停も身体疾患も精神疾患も変わりがない。サイコセラピーは傷ついた感情や混乱した感情、不適切な感情を出発点にして始まり、そうした感情が消失するか軽減することで終結を迎える。つまり、回復の指標としての感情は司法モデルにおいても医学モデルにおいても共通するものといえる。

ただし、これは一般的な場合であって、これにあてはまらない場合も数多く存在する。司法モデルにおいてまず思い当たるのは、医療紛争などにおいてよく聞かれる「金銭の問題ではない」という怒りの感情である。たとえ賠償金が支払われたとしても決して収まらない感情があることをこのことは示している。この場合、司法的判断は感情の傷つきをすこしだけ軽減したかもしれないが、十分には癒していない。しかし、法的合理性という観点からすればそれは適正なものとみなされるので、それ以上の司法的対応はなされない。感情社会学の言葉でいえば、賠償金による解決という方法は、感情規則の一部に従っているだけで、そこで生じている複雑な感情全体を視野に収めていないといえる。こうした複雑な感情のあり方に向き合い寄り添うものとして、裁判外の調停や医療メディエーションが重要な意味をもってくる（和田・前田、2001; 和田・中西、2011）。

また、医学モデルにおいても、回復の指標としての感情が単純にはあてはまらない場合がある。それはある種の難病のように回復が期待できない場合である。そこでは根本的な治療法が確立していないため、残存能力の維持が最大の目標となる場合がある。このような場合、医療行為の適切さをネガティブな感情の消失やポジティブな感情の出現と単純には結びつけられない。感情の傷つきや混乱は癒されるどころか、病気の進行とともにさらに大きくなることもある。ここでは、ケアする側もまた、単純な感情の回復ではないケアの方法を見出さなくてはならない。

さらに、精神疾患においてはまた別の問題がある。それは、薬物による感情のコントロールという問題である。精神病においては精神安定剤に典型的なように、感情を安定させる薬物がよく使用される。また、抗うつ剤のように感情を明るくする薬の使用も一般的である。このように薬物で感情をコントロールすることは精神医療ではごく一般的な治療法であるが、このとき、薬物の使用は基本的に対症療法であって、もともとの病理本態が回復したことを意味しない。したがって、ここでは厳密な意味で回復の指標としての感情は同定されていない。薬物が感情の傷つきや混乱を鎮めたり元気を出させたりしているが、それは薬物の効果であって、病理本態の回復を示すものではない。しかし、一方で、病理本態の回復ではないにしろ、結果として不快な感情や不適切な感情が軽減できていることも事実であり、その意味で、回復の指標としての感情という基準に従っているともいえる。「回復の指標としての感情」は、回復の結果もたらされるだけでなく、医療行為によって積極的に作り出すこともできることをここで確認しておきたい。

2　ナラティヴ・メディエーション

(1)「対立」の特異性

ナラティヴ・アプローチに触発されて調停の領域で独自の世界を切り拓いているのが、ナラティヴ・メディエーションである。さまざまな紛争の調停にホワイトとエプストン（White & Epston, 1990）のナラティヴ・セラピーの考え方を応用して成果を上げているが、そこでは感情についても独特の位置づけがされている。その独特の位置づけを検討する前に、まずは従来の調停理論において感情がどのように位置づけられてきたのかをみておこう。

ウィンズレイドとモンク（Winslade & Monk, 2000）は、調停の領域で現在主流となっている問題解決アプローチについて次のように述べる。問題解決アプローチは、「人間は個人的な利益を獲得することを主たる動機として行動するという考え」に基づき、「裏に潜んでいる共通利害を見つけることによって解決をはかる」ことを目指す。「個人的な不満感、つまり満たされない欲求が対立を生み出す原動力」となり、「この不満感は対立が解決された時には取り払われ、欲求は満たされ」ると考える。つまり、欲求や利害がまず出発点にあり、それが満たされないとき不満という感情が生まれ、それを取り払うことが目標となる。したがって、調停が成功したかどうかは、不満という感情がどれだけ消失したかで判定されることになる。

これに対して、ナラティヴ・メディエーションでは、「人々の望む（すなわち対立へと人々を陥れる）ものは、人々の内的な欲求や利害の表出から生じたもの」ではなく、「人々は出来事の物語的描写を通して対立を構築していく」と考える。あらかじめ存在する欲求や利害から出発するのではなく、出来事の描写の仕方が対立を生み出すと考える。したがって、対立に伴う不満や怒りやその他のさまざまな感情は、出来事の描写の仕方如何によって変わりうるものであり、あらかじめ存在するものではないという見方に立つことになる。

ここでの感情の扱われ方は社会構成主義の考え方からすれば当然のことといえるが、前節で検討した臨床領域における感情の一般的な扱われ方とは大きく異なっている。一般的な司法モデル、医学モデルにおいては、なんらかの被害や病理という実体がなんらかの感情を生み出すという対応関係が共有されていた。これに対して、ナラティヴ・メディエーションでは、そうした対応関係は想定されず、出来事の描写の仕方が対立を生み出し、その対立がなんらかの感情を生み出すと考える。ここでは、あらかじめ存在する欲求や利害は想定されないし、事実と感情との対応関係も想定されていない。むしろ、欲求や利害は出来事の描写の過程で事後的に産出されるものと考える。

以上の違いを図式的に整理しておこう。

司法モデル：　被害　↓　感情　↓　賠償　↓　感情の消失
医学モデル：　病理　↓　感情　↓　治療　↓　感情の消失
問題解決モデル：　欲求利害の対立　↓　感情　↓　欲求利害の調整　↓　感情の消失

ナラティヴ・モデル：事実の描写→感情→描写の変更→感情の消失

以上の整理から見えてくるのは、調停が扱う「対立」という事態の特異性である。司法モデル、医学モデルにおいてはそれぞれ、被害という事実、病理という事実が確固たる出発点になって、その後の対応の道筋が導かれる。その際、被害の認定には実定法の理論体系が参照され、病理の認定には医学の理論体系が参照される。これに対して、「対立」にはそのように参照できる理論体系が存在しない。一般的な道徳のようなものは参照できるが、それは個人間で微妙に異なっていて共通の原理にはなりにくい。むしろ、長引く対立は当事者双方がそれぞれの道徳や正義を主張することによって混迷の度合いを深めることが多い。つまり、「対立」はそもそも確固たる出発点をもたず、また、その出発点を認定する専門家も理論体系ももたないものであるといえる。

このように考えると、司法モデルは、そもそも確固たる出発点をもたない現象に法の体系を無理矢理あてはめることによって、問題を処理するシステムであると言い換えることができる。そうであるがゆえに、法的措置の後に、たとえば、「金銭の問題ではない」といった不満が燻り続けることになる。当事者それぞれの物語的描写のうちのごく一部が法的言語に置き換えられて、法的な物語が提示される。そのとき、その物語からこぼれ落ちるさまざまな思いや感情は行き場を失ったまま漂い続けるほかない。もちろん、当事者双方のさまざまな思いや感情にひとつ残らず対応することは不可能なので、それらの一部分を選択的に取り上げて専門的判断を下すことは、専門的システムとして当然のことといえる。こうした専門的システムの限界を打ち破るものとして、ナラティヴ・モデルの存在意義がある。

（2）「正義の物語」

ナラティヴ・モデルは、欲求や利害の対立を出発点にするのではなく、物語の対立を出発点に据えることで新たな世界を拓く。欲求や利害は変更が難しいが、物語は書き換え可能である。とはいっても、もちろんそれは決したやすいものではないが、さまざまな工夫によってそれが可能であることをナラティヴ・アプローチは示してきた。物語が変われば、対立それ自体が解消する可能性がある。では、このとき、感情はどのような変化の過程をたどるのか。

対立が生じているとき、相手の振る舞いを許しがたいという怒りの感情が湧いている。このとき、なぜ、怒りの感情が湧くのかといえば、それは「正義」が侵害されているような感覚を伴うからである。一見、単純な利害対立のように見えることでも、それは、「利益は正当な理由なしに侵害されてはならない」という正義に裏付けられている。怒りはなんらかの正義なしには正当化されない。正義の裏付けのない怒りは単なる我儘か度量の狭さとして支持されないのが一般的な感情規則といえるだろう。つまり、対立とは、異なる正義の対立と考えることができる。当事者双方はそれぞれの正義を後ろ盾に対立を続ける。というよりも、正義を守るためには対立を続けなければならない。そこから降りることは正義を手放すことを意味するからである。膠着《こうちゃく》する民族紛争や国際紛争などにおいても、この「正義の戦い」を数多く見出すことができる。

そして、この正義は出来事の描写、すなわち、物語と不可分の関係にある。正義は物語のなかに宿る。ある行為はそれ単独では正義か否かを判定できない。さまざまな出来事の連なりのなかでのみ、ある行為が正義か否かを判定できる。したがって、怒りは「正義の物語」が生み出すものと考えることができる。あらかじめ存在する欲求や利害が満たされないときに怒りが生ずるのではなく、「正義の物語」が成り立たないときに怒りは生ずる。だとすれば、当事者双方のそれぞれの「正義の物語」をまず理解することが重要となってくる。相手はどのような正義を主張しているのか。その「正義の物語」がすこしでも理解できれば怒るのも当然だと思えるかもしれない。また、自分の「正義の物語」が相手に理解されれば怒りもすこしは収まるかもしれない。

お互いの「正義の物語」をお互いに理解すること、これがナラティヴ・メディエーションの出発点となる。当事者はそれぞれ異なる「正義の物語」を生きている。その「正義」を守るためには対立を続けなければならない。しかし、このとき、いままで物語に登場していなかった出来事や相手の思いなどが見えてくると、物語自体が変容し、相手の振る舞いが理解できるようになることがある。許し難いという感情は弱まり、許してもよいと思えることもある。こうした変化は一般に、相手の「事情」の理解不足だったとされる。「事情」という言葉には、単なる「事実」だけではなく相手の「思い」が含まれている。しかし、それはまだ「客観的事実」から離れていない。「客観的事実」そのものよりも、その意味づけ、思いへと重心が移るとき、それは「事情」から「物語」へと変わる。正義はこの「物語」のなかに宿っている。

では、異なる二つの「正義」の調整はいかにして可能か。ナラティヴ・メディエーションは、相手の正義への理解を増すことで、自分の正義を相対化させる。自分が「正義の物語」を生きているのと同様に相手も「正義の物語」を生きている。二つの正義があるのだということを教えてくれる。こうして、どちらが正義かを争うのではなく、二つの正義をどう共存させられるかという視点が開けてくる。自分の正義を認めてもらえなければ、認めてもらえるまで主張し続けるしかなくなるが、自分の正義を認めてもらえれば、相手の正義を理解する余裕が生まれる。どちらが正義かを競いあうゲームから、二つの正義の共存はいかにして可能かを探求するゲームへ、ナラティヴ・メディエーションはこのようにゲームのルールを転換する実践と言い換えることができる。

3　オープンダイアローグ

(1) ナラティヴ・アプローチとの違い

オープンダイアローグはすでに論じたとおり、フィンランドの西ラップランド地方でセイックラらを中心におこなわれてきた精神医療の新しい実践システムである。精神病薬を最小限しか使わずに五年予後で七九%症状がみられないという驚異的な治療成績をあげている点で注目を集めているが（Whitaker, 2010）、そこにはいくつかの革新的な考え方と方法があり、日本でも近年急速に関心が高まっている（斎藤、2015; 本書第七章）。

その特徴の第一は、統合失調症などの精神病が疑われるケースの連絡を受けた場合に二四時間以内に地域の精神病院のスタッフチームがケースのもとに出向いて最初のミーティングをおこなう点である。第二は、ミーティングには本人、家族のみならず、地域、職場、援助専門職などの関係する主要なネットワークメンバーに声をかけて参加してもらう点である。第三は、いかなる治療的決定も本人が参加しているミーティングの場でおこなう点である（Seikkula, et al., 2003）。こうした状況のなかで、多様な声が抑圧されることなく交錯する「開かれた対話」が成立し、患者のネットワークが再生されていく。

オープンダイアローグは、ナラティヴ・アプローチから大きな影響を受けている。両者の共通点と相違点についてはすでに論じたが、ここでは感情の位置づけの違いに注目しよう。

セイックラらはオープンダイアローグを「愛の具現化」ととらえる興味深い論文（Seikkula & Trimble, 2005）を発表しており、「感情」について明示的に論じてこなかったナラティヴ・アプローチとの大きな違いを見せている。セイックラらは、「なぜ、ネットワークミーティングにおける対話が治療的経験となるのか」という問いを立て、「愛の感情が、専門職を含むネットワークメンバーの間で交わされ共有されるときに変化が起こる」、「愛の感情が生まれることは、ひとびとの「感情の相互調整」がうまくいっていることの指標となる」と述べている。

オープンダイアローグはネットワークを修復して対話を復活させる。しかし、それだけではまだ十分とはいえない。そうした対話を通してひとびとの間に「愛の感情」が生まれるとき、それは治療的効果をもつ。ネットワークから疎外されて「誰もいない場所」にひとり佇む患者にとってこれがもっとも必要なものであることは容易に想像がつく。ナラティヴ・アプローチをはじめとする従来の臨床理論が実際には重要な要素として活用しながら明示的に論じてこなかった感情、その重要な働きについて正面から論じる点にオープンダイアローグの大きな特徴がある。

（2）「消し去られる感情」と「生み出される感情」

こうした感情に関する独特のとらえ方はこれまで論じてきたさまざまな臨床モデルと大きく異なっている。まず、驚かされるのは、「愛」を論文の副題に掲げて正面から論じている点である。ここで論じられている「愛」はもちろんロマンティック・ラブのことではない。それにしても、治療的要素として「愛」を掲げることは相当に勇気のいることと思われるが、この点についてはあらためて論じる。ここで重要なのは「愛の感情」というポジティブな感情について論じている点である。従来の臨床モデルにおいては、被害や病理によって引き起こされたネガティブな感情を出発点として、それを取り除くことが目標とされ、ポジティブな感情についてはほとんど論じられてこなかった。これに対して、オープンダイアローグはポジティブな感情のもつ治療的意義について積極的に論じる。

さらに、感情の理論的位置づけとして注目されるのは、治療の前提でも治療の結果でもなく、治療の過程における感情のあり方に着目する点である。前節でおこなった臨床モデルの図式化において、感情は治療や介入の前提として同定され、その後、なんらかの介入によって消失すべきものと位置づけられていた。このとき、介入それ自体の最中に、感情がどのような状態にあるのかについては明示的に取り上げてこなかった。これに対して、オープンダイアローグでは介入中の感情の状態について明示的に論じる。従来のモデルにおいて感情は、事態の深刻さを示す指標、回復の程度を示す指標としてのみ位置づけられていたことに気づかされる。

これに関連して、もう一点特筆すべきなのは、患者や当事者だけでなく、専門家の感情について言及している点である。ここで論じられる「愛の感情」は患者や当事者だけでなく、専門家にも共有されることが重要とされている。専門家は従来、感情中立的であることを要請され、専門家が患者や当事者に対して特定の感情をもつことは避けるべきこととされてきた。これに対して、オープンダイアローグは専門家もまた積極的に「愛の感情」を共有することを主張する。ただし、専門家が「愛の感情」をもって相手と接するべきだと述べているわけではない点に注意する必要がある。そうではなく、臨床の過程のなかで生じてくる「愛の感情」、その治療的意義が述べられているのである。

以上の特徴を図式化すれば次のようになる。

◎従来の臨床モデル：

ネガティブな感情　↓　治療・介入　↓　ネガティブな感情の消失　↓　回復

◎オープンダイアローグ：
ネガティブな感情　↓　治療・介入・ポジティブな感情の共有　↓　回復

従来の臨床モデルはナラティヴ・モデルも含めて、ネガティブな感情を出発点にして、その出所を突き止め、そこに介入することでそれを消失させるというプロセスをたどっていた。ナラティヴ・メディエーションもまた、ネガティブな感情が宿る場所を出来事の物語的描写に求めることで独自の世界を切り拓いてきた。これに対して、オープンダイアローグは、ネガティブな感情の出所に介入するのではなく、ポジティブな感情をその場で共有することでネガティブな感情に対抗していく。ネガティブな感情を消すことを目標とするのではなく、そこにポジティブな感情が生まれることによって、結果として、ネガティブな感情は背景に退いていく。対話によって「消し去られる感情」ではなく、対話によって「生み出される感情」、ここに光を当てる点で、オープンダイアローグは従来の臨床モデルと大きく異なっている。

4　専門家モデルと感情

以上、さまざまな臨床モデルにおける感情の位置づけについて検討してきた。われわれは、「感情の傷つき」を出発点にして、それをいかに処理するかをめぐって、さまざまな臨床モデルを開発してきた。ここで、これまでの議論をもう一度振り返っておこう。

司法モデルは、「感情の傷つき」の適切さを認定し、それが妥当と判断されればそれも被害の一部として認定し、それに見合った賠償を命ずることでこの問題に対処するモデルである。しかし、このやり方は、法的言語で切り取ることの可能な感情の一部に対応するだけで、そこからこぼれ落ちるさまざまな感情を残してしまう場合があった。

医学モデルは、「感情の傷つき」そのものではなく、感情の傷つきを生み出す原因としての病理を取り除くことによって、「感情の傷つき」に対処するというモデルを発達させてきた。ただし、身体疾患モデルと精神疾患モデルでは若干異なっており、後者では感情の傷つきや混乱を直接薬物によって消失させる方法も発展させてきた。

これら二つのモデルは、それぞれ「被害」と「病理」というなんらかの実体が感情の傷つきを生み出すと考える点で共通する。しかし、「被害」はすでに生じてしまったことで元には戻せず、その代替物として賠償金が設定される。これに対して、「病理」は治療によって元に戻すことが可能であり、元に戻せれば「感情の傷つき」も消えることが期待できる。ただし、治療が不可能ないしは困難な「病理」に関してはこのモデルは限界をもつことになる。

こうした伝統的モデルの限界を打ち破る形で登場したのがナラティヴ・モデルである。そこでは、「被害」や「病理」というなんらかの実体から出発するのではなく、「出来事の描写によって成立する物語」へと視点を移す。ひとはさまざまな出来事を経験しながら、そのうちのいくつかの出来事に選択的に焦点を当ててそれらをつなげることで物語を生み出している。そして、その物語が特定の感情を生み出す。したがって、その焦点の当て方とつなげ方が変われば物語は変わる。そして、物語が変わればそれに伴う感情も変わりうる。こうした考え方は、従来の司法モデル、医学モデルでは対処しきれず、そこからはこぼれ落ちてしまうような事例にとりわけ有効性を発揮する。この点で、ナラティヴ・モデルは確かに従来のモデルの限界を乗り越えるものといえる。しかし一方で、なんらかの事実から出発してそれに対処するという慣れ親しんだ考え方からすると、物語へと視点を移すこと自体に抵抗が生ずる場合がありうるし、理屈では理解できても何か割り切れなさのような感覚を残す場合もありうる。

これに対して、オープンダイアローグはこれらのモデルとはまったく異なるところに焦点を当てる。それは、「ネガティヴな感情」ではなく「ポジティヴな感情」であり、「消し去られる感情」ではなく「生み出される感情」であり、「当事者だけの感情」ではなく「専門家にも共有される感情」である。オープンダイアローグとは一言でいえばそうした感情を生み出すための独特の工夫にほかならない。当事者のネガティヴな感情を消失させるのではなく、ポジティヴな感情を当事者と専門家が共有することによって事態を打開するというまったく新しいモデルが示されているといえる。

では、こうした違いはわれわれに何を示唆しているのか。まず気づかされるのは、従来の専門家モデルは、なぜ、ポジティブな感情に目を向けてこなかったのかという問題である。専門家はあくまでネガティブな感情を取り除くのが仕事であるというこの考え方は、病理を取り除く外科医を彷彿とさせるものであり、原因を冷静に見極めてそれを除去する古典的医学モデルのアナロジーそのものであったといえる。そして、これを可能にするのは科学的に実証された理論の体系であり、ポジティブな感情のような曖昧なものであってはならなかったといえる。

さらに、ポジティブな感情、とりわけ、「愛の感情」などを重視すれば、それは宗教的行為と区別がつかなくなる。専門家の行為が、宗教的行為や伝統的行為、あるいは慣習的行為とは異なる科学的行為であるためには、間違っても「愛の感情」などを持ち出してはならなかった。宗教との差異化をはかり、問題を技術的に処理し、科学であると主張するためにはそれが絶対条件だったといえる。という意味では、専門家モデルは、ポジティブな感情に単に目を向けてこなかったのではなく、積極的にそれを避けてきたといえる。あくまで感情中立的にふるまうことが、科学者であり専門家たる所以であるという強固なドミナント・ストーリーにわれわれは支配されている。これが、学術論文で「愛」について論じることには相当の勇気がいることの理由といえる。

もうひとつ気づかされるのは、ナラティヴ・アプローチが強調してきた「対等な関係性」という問題である（野口、2002）。ナラティヴ・アプローチは周知のとおり、専門家とクライエントの間に生ずる「権力性」に敏感になり、それこそが「問題」を産出する一因となることを主張して、そうした「権力性」を生み出さないためのさまざまな工夫を行ってきた。「無知の姿勢」(Anderson & Goolishian, 1988)や「リフレクティング・チーム」(Andersen 1991)はまさにそうしたワンアップ・ワンダウンの関係を作り出さないための優れた工夫であったといえる。しかし、そこでも、ポジティブな感情のもつ治療的意義について論じられることはなかった。そこで目指されたのはあくまで言説空間の拡張による新たな物語の産出であり、ポジティブな感情はそうしたプロセスを経て獲得されるものと考えられていた。しかし、オープンダイアローグの登場は、「対等な関係性」それ自体が重要であるというよりも、それがポジティブな感情の共有につながるがゆえに重要だったという見方を可能にする。新たな物語の誕生がポジティブな感情を生むだけでなく、ポジティブな感情が新たな物語を生み出す。感情とナラティヴの関係についてわれわれはあらためて再考する必要がある。

それにしても、なぜ、われわれはこれほどまでに、ポジティブな感情を避けてきたのか。いや、そうではない。われわれはポジティブな感情に実は多大な関心をもっている。それは、われわれがポジティブな感情を生み出すために、わざわざ「ポジティブ・シンキング」を試みたり、精神安定剤や抗うつ剤をひそかに服用したりする事実に表れている。ポジティブな感情をわれわれは欲している。しかし、それはあくまで個人的に調達されるべきものとされており、その調達に失敗したときには専門家に助けを求めて対処する。専門家もまた個人的にそれを調達できるように援助する。

現代社会はそのように編成されている。

これらの現象を貫いているのはいうまでもなく「個人化」の原理である（野口、2005）。専門家モデルは「個人化」を前提にして「個人化」をより推進するように作用する。ナラティヴ・アプローチもまた、病理モデルや個人主義モデルを厳しく批判しながらも、「感情」の扱い方に関してはいまだ個人主義モデルの枠内にあったといえる。これに対して、オープンダイアローグが提起するのは、「感情の共同化」という方法である。考えてみれば、かつての共同体にはさまざまな慣習や儀礼などの形でこの種の方法が満ち溢れていたはずである。われわれは近代化の過程でそれを失ってしまい、問題を専門家に委ねて個人的に処理するほかないような社会に生きている。しかし、オープンダイアローグはそのような社会においても、「感情の共同化」は可能であり、かつ、有効であることを示している。ただ、かつての社会と異なるのは、そのような「感情の共同化」もまた専門家の力を借りなければ成立しにくいものになっている点である。「感情の個人化」から「感情の共同化」へ。専門家モデルはまたひとつ新たな方法を手に入れつつあるように思われる。

IV 当事者性と共同性

第一〇章　当事者研究が生み出す自己

1　はじめに

研究？　わくわくするなあ。べてるの家で「研究」が始まった。心の中を見つめたり、反省したり……なんてやつじゃない。どうにもならない自分を、他人事のように考えてみる。仲間と一緒に笑いながら眺めてみる。やればやるほど元気になってくる、不思議な研究。だから合言葉は、自分自身で、共に。

この文章は、「当事者研究」という言葉を世に広めるきっかけとなった本、浦河べてるの家『べてるの家の当事者研究』（2005）の帯に書かれたものである。精神の病を抱える当事者たちが自分の抱える問題について自分たちで研究する。自分の問題を仲間の前で発表し、参加者全員でその問題の仕組みや対応策について考え、実践する。このような活動が「当事者研究」である。このべてるの家の活動をきっかけに、当事者研究は、発達障害、脳性麻痺、吃音、依存、ひきこもり、ホームレスなどさまざまな領域に広がって発展しつつある。こうした活動を報告しあう「当事者研究全国交流集会」もおこなわれている。

当事者研究はいままでになかった「自己語り」の方法を開発し実践している。自分の問題について仲間の前で語り、仲間とともに研究し、問題を語りなおしていく。セルフヘルプグループにおいても似たような実践はあったが、自ら「研究」と名づけておこなうものは存在しなかった。こうした自己語りの方法は結果としてどのような自己を生み出しているのか。また、そのような自己は、社会学の領域でこれまで論じられてきた「再帰的自己」や「物語的自己」とどのような関係にあるのか。これらが本章で検討したいテーマである。

なお、こうした当事者研究とは別に、社会学の領域で当事者研究という場合、なんらかの問題の当事者である研究者が自らの抱える問題を研究する場合を指すことがある。不登校の経験者で現在社会学研究者であるひとが不登校について社会学的研究をするといった場合であるが、本章ではべてる流の当事者研究に焦点をしぼって論じていく。

2　当事者研究の展開

（1）べてるの家

当事者研究はなぜ「研究」というかたちをとるのか。浦河べてるの家で当事者研究を始めた向谷地はそれが誕生したときのことを次のように述べる。

従来、〈研究〉は、医師や研究者がするものであって、当事者は主体的に入る余地のないものでした。しかし研究の分野こそ当事者性を打ち立てるべきではないか、と思います。私たちが〈研究〉と言っているものは、「自分の内面を見つめなおす」とか「反省する」とは違うものです。自分を見つめなおす、というのは従来のカウンセリングの場でもおこなわれてきたことであり、非常にプライベートな作業です。

とくに河崎寛さんは、自分を見つめなおすということを、これまでさんざんやってきた人です。そして、自分を見つめ、自分の弱さに直面する反作用として、爆発をはじめとするさまざまな逃避的行為を繰り返していました。

そこで彼に対してこう提案しました。

自分を見つめないといけないね。だけど、もっと自分に深く迫る方法として、〈研究〉という方法があるよ」と。自分を見つめるというのを〈研究〉という言葉に置き換えたら、彼は「やってみようかな」と興味がわいたようです（浦河べてるの家、2002: 158）。

「見つめなおす」、「反省する」ではなく、「研究する」。この言葉の置き換えの意味はきわめて大きい。「見つめなおす」、「反省する」は、その行為の結果をふまえてすぐに自分を修正しなければならないような義務感を伴う。それに対して、「研究」はああでもないこうでもないと議論しながら、何かを発見することが大事で、それをふまえてすぐに修正しなければならないわけではない。冒頭に引用した文章のように、それは「他人事のように」自分のことを考える独特の距離感と余裕をもたらす。

「研究する」ことのもうひとつの意義は、その研究結果が同じ問題で悩む他のひとの役に立つかもしれないという点である。「研究という形をとることで、生きづらさをかかえて爆発している多くの仲間たちを代表して、そういう仲間たちと連帯しながら、自分のテーマに迫っていける」のである。「見つめなおす」、「反省する」が個人に閉じた「私的」行為であるのに対して、「研究」はその成果が他者と共有されることを目指しており、その意味で「公共的」である。

さらに、仲間に向かって語り、仲間の意見を聞きながら共におこなう「共同研究」という形式がこの公共性をより確かなものにする。「つらい作業でしかなかった「自分を知る」という行為が、チームというクッションの上での「楽しいゲーム」に変わ」る（浦河べてるの家、2002: 160）。そして、「無意味にしか思えなかった失敗だらけの忌まわしい過去が、「自己研究」という衣をまとった瞬間、新しい人間の可能性に向かって突然、意味をもちはじめる」（浦河べてるの家、2002: 161）。修正すべきもの、恥ずべきもの、否定すべきものとして追いやられてきたものが、自分の新しい可能性を開き、他者と連帯するための貴重な資源として輝き始めるのである。

（2）発達障害当事者研究

当事者研究は精神障害の領域から始まって、次に、発達障害と脳性麻痺の当事者たちによって独自の進化を遂げた。その大きな特徴は、自分の経験している世界についてのきわめて詳細な記述である。発達障害当事者である綾屋は自分の状態について次のように述べる。

> 体中がどくっどくっと脈を打っている。頭髪の生えている部分がかゆい。首筋から肩にかけて重い。胃が動かずに固まっている。左下腹部に空気が溜まっている。足の指先が痛い……。私の体は、つねに細かくて大量の身体の感覚を私に届け続けている。その情報量の多さに私は圧倒されわずらわしく思いながらも、身体の訴えを一つひとつ聞き、その原因を探り、対処していく作業に追われている（綾屋・熊谷、2008: 13）。

現象学的記述を思い起こさせるような繊細な記述が積み重ねられていて、読む者を圧倒する。当事者が自分について研究する場合、まずは自分について詳しく語ることの重要性を知ることができる。こうした作業がおこなわれるようになった背景には、専門的知識だけでは十分に説明された感じがしないという当事者ならではの感覚があった。綾屋は、あるとき「アスペルガー症候群」という診断を受けたことで、それまでの生きづらさに説明がついたような感覚を覚える。しかし、しばらくすると、説明がつかない部分や足りない部分が気になるようになる。そして、友人である脳性麻痺当事者の熊谷に自分の話を聞いてもらい質問してもらうというかたちで、彼らなりの「当事者研究」が始まった。

このとき、彼らはまだべてるの家の「当事者研究」に出会っておらず、「当事者研究」という言葉も知らなかった。しかし、その後、べてるの家の活動を知り、自分たちのやってきたことが「当事者研究」なのだという認識を得る。そのときのことを綾屋は次のように述べる。「仲間がいるんだ」。「人に理解されない病気の苦労を長年かかえてきた仲間。専門家による描写や言説をいったん脇に置き、他者にわかるように自分の体験を内側から語る作業を続けている仲間」(綾屋・熊谷、2010: 106)。

こうして、自分たちのやってきたことに名前が与えられ、同じような活動をする「仲間」の存在に勇気づけられて、さらに「研究」が進められていった。そして、当事者研究とは何かについて、次のような認識に到達する。

「当事者研究では、多数派の世界ではないことになっている現象に対して、新しい言葉や概念を作ることをとおして、仲間と世界を共有する」。「そして、そういった世界の共有だけで解決することは多いのだということに気づかされていく」（綾屋・熊谷、2010: 156）。

ところで、べてるの家では何人もの仲間とともに「研究」をおこなうのに対して、綾屋らはたった二人だけでおこなっており、一見違うやり方のようにも見える。しかし、べてるの家でおこなわれていることと自分たちのおこなっていることに共通する要素を探っていくと、上のような点が浮かび上がってくる。「ないこと」にされていて言葉が存在しない現象に言葉を与え、それを仲間と共有する。たとえ二人だけであっても、新しい言葉を生み出してそれを共有することが当事者研究においてきわめて重要な要素であることがわかる。

さらに綾屋らは述べる。「当事者研究における日常生活は、正解がすでにあって、間違えたり失敗すると裁かれる「試験の場」ではなく、仮説に従って動いてみて結果を解釈する「実験の場」になる」（綾屋・熊谷、2010: 159）。「反省」はそれが生かされないとさらに落ち込むが、「研究」は失敗しても何度でもやり直すことができる。「研究」のもつ独特の距離感と余裕をここでも確認することができる。

3　当事者研究と自己

（1）「研究モード」が生み出す自己

さて、以上のような当事者研究の展開はどのような自己を生み出しているのか。向谷地も述べるとおり、通常、われわれは自分の抱える問題や困難に関して「見つめなおす」とか「反省する」という行為に向かうことが多い。こうした行為のあり方を「反省モード」と名づけておこう。一方、これとは別に、自分の問題や困難が自分以外の何かによって引き起こされているという認識もよくある。「家族のせいでこうなった」、「学校のせいでこうなった」、「社会のせいでこうなった」といった場合である。このような認識とそれに基づく行為を「批判モード」と名づけよう。これら二つのモードと比べて、当事者研究が採用する「研究モード」はどのような特徴をもつか。

まず、「反省モード」がうまくいった場合、「反省を生かして修正できる自分」というポジティブな自分が生み出される。一方、うまくいかなかった場合は、「反省を生かせない自分」や「反省をすぐ忘れてしまう自分」といったネガティブな自分が生み出される。

次に、「批判モード」がうまくいった場合は、「他者の誤りを見抜くことのできる自分」や「権威に対抗する勇気ある自分」といったポジティブな自分が生み出されるであろう。一方、うまくいかなかった場合には、「他人のせいにばかりして自分を修正しない自分」や「自分を修正できない自分」というネガティブな自分が生まれるであろう。なお、「批判モード」は、仮にその批判自体が正しいものであったとしても、事態が改善するとは限らない。相手が「批判」を認めない場合は論争や対立を生むだけだし、相手が認めた場合でも相手がうまく自分を修正できるとは限らない。また、「社会のせいだ」と言ってみても社会はすぐには変わらない。つまり、「批判モード」は他者の変化が生じない限り事態は変わらないという限界をもっている。

最後に、「研究モード」においては、それがうまくいった場合、「自分の問題を公表できる自分」、「自分の問題を理解して修正していく自分」というポジティブな自分が生み出される。一方、うまくいかなかった場合は、「せっかくの研究成果を生かせない自分」というネガティブな自分が生まれるであろう。しかし、「研究モード」がすぐれているのはこの先である。「せっかくの研究成果を生かせない自分」それ自体が、次の当事者研究のテーマとなるからである。「失敗した自分」に対して、「なぜ、失敗したのか」、「研究成果自体が間違っていたのか」、それとも、「研究成果の生かし方が間違っていたのか」、あるいは、「それ以外の要因がからんでいるのか」、等々、「失敗」それ自体が次の重要な研究テーマとなって当事者研究をさらに発展させていく。

これに対して、「反省モード」、「批判モード」は失敗したときや状況が変わらないときに次の手立てがない。「反省を生かせない自分」を再度反省したところで、そもそも反省を生かせないのだからその再度の反省が生かされる可能性は低い。また、「他人のせいにばかりして自分を修正しない自分」が自分の修正を始める可能性も低いであろう。つまり、「反省モード」と「批判モード」は、何度も同じループを回るか、ある地点でストップする可能性が高い。これに対して、「研究モード」は失敗を回収できる。というよりも、「失敗」を貴重な資源として活動を推進できる。「失敗」が続くことで「研究」はより豊かなものになるのである。こうして、「仲間とともに研究を続ける自分」が再生産されていく。

(2)「自己病名」が生み出す自己

べてるの家では、当事者研究が始まる前から、自分の病気に自分で名前をつける「自己病名」というやり方があった。自分の病気の体験の特徴をわかりやすく表現したもので、「精神バラバラ状態の○○です」とか、「電波病の△△です」というように、それはミーティングでの自己紹介のときにも使われていたが、当事者研究においてはこれが研究の重要な一段階に位置づけられるようになった。

べてるの家の当事者研究は次のようなステップで進行する（浦河べてるの家、2005: 4）。

①〈問題〉と人との切り離し作業
②自己病名をつける
③苦労のパターン・プロセス・構造の解明
④自分の助け方や守り方の具体的な方法を考え、場面をつくって練習する
⑤結果の検証

これらのうち③、④、⑤は想像がつきやすいが、①と②はべてるの家独特の方法で説明が必要である。①の「〈問題〉と人との切り離し作業」によって、「爆発を繰り返す〇〇さん」が「爆発をやめたいと思っても止まらない苦労を抱えている〇〇さん」に変わる。つまり、「爆発」という悪しき属性を抱えた人ではなく、「爆発という問題に振り回されて苦労してきた〇〇さん」という形で〈問題〉と人が分離される。ナラティヴセラピーにおける「問題の外在化」(White & Epston, 1990)とほぼ同じ考え方だが、ナラティヴセラピーとは無関係にべてるの家で以前から実践されていた方法である。

次に②の「自己病名」がつけられる。医学的な病名ではなく、自らの抱えている苦労の意味や状況を反映したもので、「統合失調症・週末金欠型」、「統合失調症・逃亡失踪型」などのユーモラスな名前が多い。こうした病名は当事者研究を進めていくうえでの出発点として重要な意味をもつ。そのひとが抱えている問題や苦労が一目瞭然となるからである。ただし、それは①の作業によって、そのひと自身の欠陥や病理とはみなされない。「〈問題〉が問題なのであって人が問題なのではない」という言い方がよくされる。

こうした「自己病名」は独特の「自己」を生み出す。「統合失調症という病気のどうしようもない症状によって社会から落ちこぼれた自分」から、「〈問題〉に振り回されて苦労し続けてきた自分」へ、そして、いまは仲間とともに当事者研究を始めて、「その〈問題〉の構造を解明し、対処法を探り、それを実践しようとしている自分」へと生まれ変わる。

べてるの家には、「弱さを絆に」、「弱さの情報公開」という言葉がある（浦河べてるの家、2002: 188）。自分のもつ「弱さ」は通常は隠したくなるものだが、あえてそれを公開することでそれが他者との絆に変わる。当事者研究はまさにこの「弱さの情報公開」を推進するためのきわめて有効な装置となっている。「自己病名」は弱さの象徴である。週末になるといつも金欠で苦しんでいる自分、何か重要な場面になるといつもそこから逃げ出してしまう自分、そうしたみっともない自分を隠すのではなく、それを前面に出したアイデンティティが構築され仲間から承認される。そうしたアイデンティティを出発点として、いかなる対処が可能なのかが探られる。このとき、自分の弱さは確かに仲間との関係をつなぐ重要な絆、貴重な資源になっている。「弱さ」を隠し「強さ」をアピールする通常の競争的アイデンティティとは異なるアイデンティティの構築の仕方をここに見出すことができる。

4　新しい「再帰的自己」

(1) 再帰的自己

当事者研究は独特の自己を生み出している。こうした自己は、現代社会における一般的な自己のあり方と比べてどのような特徴をもつのか。現代における自己の一般的なあり方として「再帰的自己」を取り上げて比較してみよう。ギデンズは次のように述べる。

「自己アイデンティティは再帰的に組織される試みとなる。自己の再帰的プロジェクト reflexive project of the self は、一貫したしかし絶えず修正される生活史の物語にその本質があ」る（Giddens, 1991=2005: 5）。

ギデンズは近代社会の一般的な原理として再帰性を見出したが、自己もまた再帰的プロジェクトの対象であり、われわれは絶え間ない再帰的モニタリングのまなざしを自己にも向けることになる。そして、「生活史の物語」を「修正」し続ける。その「修正」され続ける「生活史の物語」こそが再帰的自己である。この意味で再帰的自己は物語的自己である。「自己物語」（self narrative）が「物語的自己」（narrative self）を構成している。そうしたなかで、自己がうまく立ち行かなくなったとき、われわれは誰かに助けを求めるが、そのうちのひとつがいわゆるセラピーである。「セラピーとは、個人を、彼あるいは彼女の人生の発達のコースについての体系的な反省に巻き込む経験の一つなのである」（Giddens, 1991=2005: 77）。

われわれはセラピーの場面において、「体系的な反省」を強いられる。あるいは、自ら進んでそれをおこなう。セラピストの力を借りながら「生活史の物語」を「反省」し「修正」しようとする。もちろん、それでうまくいく場合もある。しかし、べてるの家の実践が教えているのは、「反省」がむしろ「問題」を大きくして「問題」に人を縛りつけてしまうようなメカニズムであった。「反省」はそれがうまくいった場合にはポジティブな自己を生み出すが、失敗した場合には、反省する以前よりもネガティブな自己を生み出す。「生活史の物語」には「反省はしたけれどそれを生かせなかった」というネガティブな物語が書き加えられるからである。

このように考えると、再帰的自己のある種の限界が見えてくる。再帰的自己とは、なんらかの不全感をバネにして自己をコントロールする技術であり、われわれの誰もが日常的にこれを実践している。それでうまく修正できる場合はなんら問題ない。しかし、うまくいかない場合、それは状況をより深刻なものにする。うまくいかないこと自体が「再帰性の失敗」とみなされて、さらなる「反省」が求められるからである。こうして、再帰的自己は、さらなる再帰性の深みのなかに自己を縛りつける。再帰的モニタリングによって修正すること、修正できることが規範化して、それができない場合にはその規範がより一層強く適用される。そして、事態はより悪化していく。

再帰的モニタリングは一般にわれわれをよりよい状態に修正するためのもっとも有効な方法だと思われている。しかし、精神の病のような状況においては、それは病をより深刻なものにしてしまう。もともと、再帰性という言葉にはこのような深刻な響きはない。それは、「社会の実際の営みが、まさしくその営みに関して新たに得た情報によってつねに吟味、改善され、その結果、その営み自体の特性を本質的に変えていくという事実」(Giddens, 1990=1993: 55) を指している。つまり、なんらかの原理原則によって修正するというよりは新しい情報を不断に取り入れながら不断に修正するような事態を広く指している。しかし、精神の病のように自己がうまく立ち行かない状況においては、新しい情報に接してそれを自由に取り入れるような余裕はない。直面する深刻な状況のなかで、「再帰的であれ」という規範のみが重くのしかかって、ネガティブな自己を再生産してしまう。

こうした悪循環から脱出するためのひとつの有効な方法が当事者研究であると考えることができる。「再帰性の失敗」の責任をひとりで背負うのではなく、それ自体を研究対象として位置づけ直す。さらに、それを仲間とともに共同研究することで、問題を公共化し、責任を分散する。こうして、再帰的自己の泥沼から脱出することが可能になる。

(2) 個人化・専門化・公共化

当事者研究は、再帰的自己がもたらす隘路からの脱出の道を示している。では、再帰的自己はなぜこのような限界をもってしまうのか。そこには、問題の「個人化」という近代社会のもうひとつの大きな特徴が関わっている。「個人化」とは、いうまでもなく、われわれを保護してくれていたさまざまな集団の力が衰退して、個人が直接社会に投げ出されるような事態を指す。バウマンは次のように述べる。「つまりそれは、超越のための公的で集合的な手段の存在を否定し、個々人を、孤独のうちに課題に取り組むよう放り出すことを意味している」(Bauman, 2001=2008: 15)。

向谷地が言うように、「見つめなおす」、「反省する」という行為はきわめて「プライベート」な作業であり孤独な作業である。再帰的自己は個人化という社会状況のなかで孤独な作業を強いられる。再帰化と個人化という二つの社会変動が重なりあうとき、再帰的自己は孤独な自己となる。そして、このような孤独な自己は孤独であるがゆえに「再帰性の失敗」の責任を一身に背負わされる。そして、再帰性の失敗を再び再帰性で乗り越えるというより困難な課題を与えられる。これが再帰的自己の隘路であり限界の正体である。

ところで、この孤独な作業には実はもうひとつの特徴がある。それは「専門化」である。「再帰性の失敗」を繰り返すひとは専門的な治療が必要と判断されて専門家の指示に従うようになる点である。問題はまず個人的に処理するよう要請される。しかし、それがうまくいかないときは専門家にその処理が任される。つまり、「個人化」は「専門化」とセットになって現代の社会システムを形作っている（本書第八章）。ところが、その専門家がおこなう方法もまた、再帰性を高めるためのセラピーにほかならない。せっかく孤独な作業から逃れて専門家のもとに辿り着いても、今度は、一対一の再帰性のレッスンが始まる。どこまで行っても「再帰的であれ」という規範だけが待ち構えている。

べてるの家も元々は浦河赤十字病院という公的医療機関を中核とする専門的医療システムの一環として誕生した。そこには、当然のごとく「再帰性の失敗」を繰り返す人々が集まっていた。そうした状況のなかで、というよりも、そうした状況だったからこそ、個人化と専門化のもたらす限界がいち早く露呈し、それとは異なる方法が必要になった。自分の問題は自分で処理する「問題の個人化」、問題の処理を専門家にゆだねる「問題の専門化」、これらの限界を乗り越え対抗する方法が「問題の公共化」という方法だった。「問題」を公表し、外在化し、研究する。「孤独のうちに課題に取り組む」のではなく、共同で取り組む。このとき、「失敗」もまた「公共化」される。「個人の失敗」ではなく「共同研究の失敗」となるからである。そして、その「失敗」自体がさらなる共同研究を駆動していく。当事者研究は、まさしく、バウマンのいう「超越のための公的で集合的な手段」そのものといえる。

では、こうして生み出される自己はどのような自己と呼ぶべきか。それは、「見つめなおす」、「反省する」という意味での従来の「再帰的自己」ではない。しかし、「失敗」を貴重な資源としながら共同研究を繰り返していく姿はきわめて「再帰的」である。両者の違いはどこか。それは、「再帰性」を「個人化」と「専門化」とセットにするか否かである。従来の「再帰的自己」は暗黙のうちに「個人化」と「専門化」を前提に、あるいはそれらに呑み込まれる形で成立していた。しかし、当事者研究が生み出す自己は、再帰的でありながら「個人化」と「専門化」の方向へは行かずに「公共性」の方へと向かった。個人化によって失われた公共圏が復活しているという点で、それはバウマンの言う「公共圏の脱植民地化」（Bauman, 2001=2008: 26）そのものといえる。その意味で、この新しい自己のあり方は、「公共的な再帰的自己」（public reflexive self）と呼ぶことができる。あるいは、再帰性の主体が個人ではなく集団であるという意味では、「集合的な再帰的自己」（collective reflexive self）と呼ぶこともできる。

5　おわりに

「自己語り」にはさまざまな方法がある。当事者研究という新しい「自己語り」の方法がわれわれに問いかけているものは何か。「自己語り」という現象をわれわれはどのようにとらえればよいのか。この問題を最後に整理しておこう。

まず第一に、自己語りにおいて重要なのは、「誰に向かって語るか」という点である。当事者研究は、「見つめなおす」や「反省する」という語り方が私的な閉じた行為となるのに対して、「研究」は仲間たちに向かって語ることで公共的で開かれた行為となることを明らかにした。われわれは普段何か困り事や悩み事を抱えたときに誰かに相談する。家族や友人やときにはセラピストなどの専門家にも相談する。そうした相談は自分ひとりで対処する孤独な作業とは異なるが、結局のところ、対処すべき責任を自分が背負うという意味で「私的」な作業であり「公共的」とはいえない。当事者研究は多くの仲間に向かって語ることによって「問題」それ自体を公共化する。「誰に向かって語るか」によって自己語りの内容とその後の展開は大きく変わってくる。

第二に重要なのは、「どのような語彙系列で語るか」という点である。べてるの家では「自己病名」をはじめとして、医学用語とは異なる言葉で自分を表現することを実践している。これは何も医学用語を排除するという意味ではない。医学用語もまじえながら、しかし、医学用語だけではうまく表現できない、あるいは、「ないことにされている」現象に言葉を与えていく。これは綾屋らの実践でも同様である。ここで明らかとなるのは、自己語りは一般に、暗黙の文脈、暗黙の語彙系列を前提になされるという点である。病院での診療場面や面接場面、家族との相談の場面、友人との語らいの場面など、それぞれの場面でそれぞれにふさわしい語彙系列が選択されて自己語りはおこなわれる。この意味で、自己語りは文脈依存的な現象であることをあらためて確認する必要がある。

第三に重要なのは、「何のために語るか」という点である。当事者研究は「研究」のために語るという独自の方法を開発した。ここが従来の自己語りの方法ともっとも異なる点である。第一の特徴としてあげた「仲間に向かって語る」という点はそれだけ見れば、従来の多くのセルフヘルプグループでもおこなわれていたことである。しかし、そこに「研究」という意味づけはなかった。「研究」と名づけることで、それは、「私的な語り」から「公共的な語り」へと変わる。また、従来のセルフヘルプグループでは、問題をある程度克服したひとが語り手となることが多かったが、当事者研究では問題の渦中にあるひとが語り手となる。それが可能になったのも「研究」という意味づけがなされたからである。目的をどのように設定するかによって、語り方だけでなく語り手の選択も変わってくることがわかる。

第四にあげておきたいのは、「どのように語り直すのか」という点である。自己語りは常にある時点である文脈に沿っておこなわれるものであり、時間がたち、文脈が変われば、異なる形で語り直される可能性に常に開かれている。当事者研究は、そうした語り直しの場を制度的に保障している。逆にそうした制度的な保障が自由な語りを生み出す。不適切なところや不十分なところがあれば次の機会に語り直せばよいからである。こうして、自己語りは完成形ではなく常に進行形のものとして存在するようになる。これも「研究」という位置づけが可能にしている。「研究」は常に新たな発見によって修正され更新されていく進行形のものにほかならないからである。

以上、四点にわたって、当事者研究が自己語りという現象に示唆する点を検討した。これらの点は、社会学がおこなうインタビュー調査に対しても重要な示唆を与えてくれる。社会学はこれまで、インタビューにおける「語りの共同構成性」、すなわち、語り手と聞き手の共同作業によって語りが生まれる点に多大な注意を払ってきたが（Holstein & Gubrium, 1995; 桜井、2002; 野口、2002）、そうした共同構成性に大きな影響を与える要因として、上に述べた四点を考えることができる。誰に向かって、どのような語彙系列で、何のために語り、どう語り直すのか。個々のインタビュー調査においてこれらがどのように設定されているのかという視点からあらためてインタビューという現象を考察することができる。

自己語りは、さまざまな場面で、さまざまな方法でさかんにおこなわれている。それは、再帰性が高まる現代社会において必然的なことであり、われわれは自己語りをおこない、自己物語を修正し続けることを強いられている。しかし、そうした自己物語は、われわれの人生を支えてくれる一方で、われわれの人生を立ち行かなくさせることもある。そのようなときに、新しい自己語りの方法が必要になる。当事者研究はそのような新しい自己語りのあり方を示している。ギデンズは次のように述べる。

自己アイデンティティの感覚は頑強である一方で脆弱でもある。脆弱であるというのは、人が再帰的に心に留めている生活史は、一つの「ストーリー」にすぎず、自己の発達に関し語りうる他の多くのストーリーが存在するからである（Giddens, 1991=2005: 59）。

「語りうる他の多くのストーリー」は確かに存在する。しかし、どうしたらそれを見つけられるのか、どうしたらそれを語れるようになるのかは簡単なことではない。われわれは、語りの多様な可能性に注意を向けるとともに、原理的には多様であるはずの語りが実際には限定された語りになりがちであること、そして、新しい語りを生み出すことがことのほか難しいことにも注意を向ける必要がある。当事者研究はこのことをわれわれに問いかけている。

第一一章　自助グループと当事者研究

1　はじめに

当事者研究は自助グループから何を受け継ぎ、何を新たに生み出したのか、これが本章で検討する課題である。当事者研究はその創始者である向谷地が述べるとおり、ＡＡやＳＡといった自助グループの存在から大きな刺激を受けている（向谷地、2016）。べてるの家では、当事者によるミーティングがもつ豊かな可能性が早くから認識され、「三度の飯よりミーティング」という独自の文化を生み出してきた。そうした文化のなかで当事者研究は生まれた。ミーティングを生活の中心に据える文化のなかで、当事者研究という新しいミーティングの形式が生まれたのである。では、当事者研究のミーティングと自助グループのミーティングはどこが同じでどこが違うのか。まずは自助グループの特徴を確認することにしよう。

2　自助グループの特徴

自助グループは現在では多くの領域に広がっているが、それらの先駆けとなったのが一九三〇年代にアメリカで生まれたＡＡ（Alcoholics Anonymous）である。それまでこれといった治療法もなく回復の道筋が見えなかったアルコール依存症の領域で回復者が出たことでそれは注目されるようになった。そして、アルコール依存だけでなく、薬物依存、ギャンブル依存、買物依存、セックス依存、摂食障害、その他、広義のアディクション領域を中心に広がっていった。統合失調症者によるＳＡ（Schizophrenics Anonymous）も一九八〇年代にアメリカで生まれたが、日本にはほとんど導入されなかった。その理由は、当時、統合失調症においては薬物療法に注目が集まっていたこと、また、統合失調症の患者がＡＡのようなミーティングをすることは困難だと思われていた点があげられる。一方、アディクション系の病気には有効な薬物療法が存在せず、ミーティングが重要な治療手段のひとつとなりえたという違いがあった。

では、自助グループはどのような特徴をもっているか。ここでは、ＡＡに即してその特徴を見ていくことにしよう。その特徴は以下の四点に整理できる。

第一は、「専門家に依存しない」という点である。まさに自助グループの自助グループたる所以がここにある。ＡＡはビルとボブという二人のアルコホリックの伝説的な出会いから生まれたが、そのときのことをボブは次のように語っている。

もっともたいせつなことは、彼がアルコホリズムに関連して、自分の話していることを体験によって知っている、これまで私と話した最初の生きた人間だったことである。いいかえれば、彼は私のことばを話したのである（Alcoholics Anonymous, 1939）。

医師などの専門家との会話では得られなかった重要な何かが得られたという感覚と感動が自助グループを生み出す原点にあったことがわかる。ここで、専門家に頼るのではなく、当事者同士で会話をすることの重要性が発見された。そして、こうした活動のなかから回復者が現れてくることで、このやり方の重要性が広く認識されていった。

第二は、「グループのなかに上下関係を作らない」という点である。ＡＡにおいて、この原則は、グループの名前にもなっている「アノニマス（匿名）」に端的に表れている。上下関係は実名の関係のなかで発生する。指導する側とされる側といった役割関係は匿名の関係のなかでは継続しにくい。ミーティングでの発言をあくまでその場での発言として扱い、そのひとの属性として固定化しないことが匿名のミーティングによって可能になる。ミーティングの場では誰もが対等な一参加者であることを保証する。そのための優れた工夫が匿名性なのだといえる。

上下関係を作らないもうひとつの工夫は「12の伝統」のなかにある。「金銭や所有権や名声の問題が、われわれを大事な目的からそれさせる恐れがある」（伝統6）。「新聞・電波・映画の分野で、われわれはいつも個人名を伏せるべきである」（伝統11）。匿名性の原則はミーティングのなかだけでなく、外部の世界に対しても貫かれる。外部に実名を出すことによって、たとえば、アルコール依存症を克服した立派なひとという「名声」を手にすれば、その名声に振り回されて自分を見失い、再びアルコール依存に舞い戻る危険性がある。また、そうした名声を手にすれば、ミーティングで対等な一参加者ではいられなくなる。そうした危険性を徹底的に排除する仕組みがAAには備えられている（野口、1996）。

第三は、「言いっぱなし聞きっぱなし」という独特のミーティングの形式である。通常の「話しあい」ではなく、参加者ひとりひとりが順番に発言するだけで、質問や応答などのやりとりを一切おこなわない。自助グループという言葉からは、それぞれの経験や知恵を伝えあい学びあうことが想像されがちだが、そうしたやり取りはなされない。

この特異な形式には二つの意味があるが、ひとつは第二の特徴と関連する。通常の話し合いでは、経験や知識が多い人が優位に立ちがちであり、結果として参加者の間に上下関係を作りやすい。経験豊富なひとの意見がミーティング全体を支配することにもなりかねない。「言いっぱなし聞きっぱなし」は、そうした関係が生まれるのを回避する見事な仕掛けになっている。

もうひとつの重要な意味は、「誰に向かって語るか」という点である。AAの12のステップには

「神」や「自分を超えた大きな力」といった言葉が何度か出てきて、初めて接するひとを戸惑わせる。しかし、ここで明らかなのは、神に向かって語ること、あるいは、すくなくとも神の存在を意識しながら語ることがAAの基本に据えられている点である。参加者に向かって語るのではなく、神に向かって語る。だからこそ、「言いっぱなし聞きっぱなし」という形式をとらざるをえない。このとき、個々の発言に対する他者の評価は意味をもたなくなる。評価できるのは神しかいないからである。こうして、通常のミーティングに伴いがちな他者による評価の視線が無効化され、「評価と査定のない空間」（野口、2002）が生まれる。そして、こうした空間のなかで、他者がどう思うかではなく、自分と神にとってどういう意味があるかということを大切にする語りが生まれる。

第四は、「12のステップという独自の回復の指標をもつ」点である。自助グループのなかにはAAを参考にしてこうしたステップをもつものともたないものとがあり、もつものは「ステップ系のグループ」という括りで呼ばれる。つまり、独自のステップを定めていることは、自助グループの重要な特徴のひとつとなる。ただし、このステップは、ひとつのステップを達成しなければ次のステップに進めないといった厳格な指標ではない。そもそも、ひとつのステップを完全に達成したといえるかどうかの判断は難しい。重要なのは、ステップに示されたことを自分なりに受け止め、実行してみることにある。

ステップは、「回復」に具体的なイメージを与えてくれる。アルコール依存の場合、断酒が当面の目標となるが、酒をやめていれば「回復」といえるかというとそうともいえない。では、「回復」

とは一体何なのか。あるいは、やめ続けるには何が必要なのか。なぜ、やめ続けなければならないのか。こうした数々の疑問にステップはなんらかのヒントを与えてくれる。直接の答えではないが、どう考えればよいのかの方向性を示してくれる。そして、こうした方向性を仲間と共有することによって、グループにゆるやかな共同性が生まれる。たとえ、ステップの達成度や理解度が異なっていても、問題に向き合うときの基本的な姿勢が共有され、グループとしての共同性が生まれるのである。

3　自助グループと当事者研究

（1）共通点と相違点

以上、四点にわたって自助グループの特徴を整理した。では、当事者研究はこれらの特徴をどのように受け継ぎ、また、何を新たに生み出したのか。

第一の特徴、「専門家に依存しない」については、当事者研究もまったく同様である。専門家はファシリテーターとして参加するが、指導や助言はしない。参加者の発言を整理しわかりやすくする役割に徹している。研究を進める主体はあくまで当事者とその仲間である。

第二の特徴、「グループのなかに上下関係を作らない」もそのまま受け継がれている。匿名でもなく、12の伝統ももたないにもかかわらず、そこに上下関係は発生していない。ではなぜ発生しないのか。その理由は次に述べる第三の特徴と関連している。

第三の特徴、「言いっぱなし聞きっぱなし」については明らかに異なっている。当事者研究でそれを用いる場合もあるが（Necco当事者研究会、2013）、べてるの家ではそのやり方を用いていない。では、この方式をとらない場合、上下関係が生まれる心配はないのか。結論からいえば、その心配はない。その理由のひとつは、当事者研究が共同研究という形をとっているからである。誰かひとりのアイデアではなく、みんなで作り上げたアイデアとなるので上下関係と結びつきにくい。もうひとつの理由は、そこで出てきたアイデアが有効かどうかは実際の行動によって検証されるからである。アイデアを出すことはスタートにすぎず、それが実際に有効かどうかが重要になってくる。個別のアイデアの優劣ではなく、共同研究全体のプロセスが大切になってくるのである。

第四の特徴、「12のステップという独自の回復の指標をもつ」点も大きく異なる点である。当事者研究に「回復」のステップは定められていない。その代わりに、研究の進め方のステップが定められている。それは次の五段階からなる（浦河べてるの家、2005）。

①〈問題〉と人との切り離し作業
②自己病名をつける
③苦労のパターン・プロセス・構造の解明
④自分の助け方や守り方の具体的な方法を考え、場面をつくって練習する

⑤結果の検証

「回復」のステップではなく「研究」のステップを定める。この違いは一体何を意味しているのか。その違いの意味を次に検討しよう。

（2）「垂直モデル」と「水平モデル」

この違いを考えるうえで重要なのが、12のステップが描き出す個人と問題との関係である。AAの12のステップは次のようなステップから始まる。

①私たちはアルコールに対して無力であり、思い通りに生きていけなくなっていたことを認めた。
②自分を超えた大きな力が、私たちを健康な心に戻してくれると信じるようになった。
③私たちの意志と生き方を、自分なりに理解した神の配慮にゆだねる決心をした。

ここで、自分ではアルコールをコントロールできないことを認め、神の配慮にゆだねることが宣言されている。これまで続けてきたアルコールとの不毛な戦いに終止符を打ち、敗北宣言をして、これ以上戦わないことが述べられている。そして、「自分を超えた大きな力」＝「神」にすべてをゆだねる決心がなされる。こうして、「自分」対「アルコール」という構図から、「自分」対「神」という構図へと自分の立ち位置が再定義される。神との関係のなかで自己を定位するのである。そして、言いっぱなし聞きっぱなしのミーティングは、参加者が互いに神に向き合う姿勢を見せあうことで、ひとりでは不安定な営みを支えあう。皆、神という同じ方向を向いていることを確認し、神に向かう上向きの矢印を束ねて支えあう。ひとりでは倒れそうになるのを皆で同じ方向を向くことで支えあうのである。

一方、当事者研究では、その最初の段階で「ひと」と「問題」が切り離される点が重要である。まず最初に、この切り離し作業がおこなわれ、次に、「自己病名」がつけられる。個人のなかにある病理や欠陥にどう向き合うかではなく、個人を苦しませてきた「問題」に対してどう向き合うか、あるいは、どう付き合っていくかという形で、「ひと」と「問題」の関係が再定義される。こうして、外在化された「問題」へと皆の視線が向かう。参加者全員が「問題」という同じ方向を向くのである。そして、皆で同じ方向を向くことで、本人が「問題」に向き合う姿勢を支える。同時に、本人以外の参加者も自分が「問題」に向き合うときの姿勢を再確認するのである。

このように考えると、自助グループと当事者研究は、参加者が皆で同じ方向を向いて支えあうという点で共通していることがわかる。違いは、皆が向く方向が「垂直」か「水平」かという点である。自助グループは神に向かう上向きの矢印を束ねて支えあい、当事者研究は自分の行く手を阻む問題に対する横向きの矢印を束ねて支え合っている。いずれも、ひとりでは折れてしまうかもしれない矢印、あるいは、倒れてしまうかもしれない矢印を束ねることで安定させている。問題に個人で立ち向かうことの困難を、自助グループは「垂直モデル」で乗り越えようとし、当事者研究は「水平モデル」で乗り越えようとする。その方向性に違いはあるが、それを個人的な営みにせずに共同の営みにする点で共通している。

このことは、われわれが個人で問題に立ち向かうことの危険性を示している。個人で立ち向かうことが問題をより一層大きくし困難なものにする。ＡＡは、個人で立ち向かう戦いの敗北宣言をすることによって共同性を手に入れた。一方、当事者研究は、問題がひとの内部にあるという考え方をやめて問題を外在化することによって共同性を手に入れた。問題が個人のなかにあり、それを個人の力でコントロールすべきという考え方は、現代社会において一般的な考え方である。しかし、その一般的な考え方こそが、当事者を苦しめている。そこからの脱出は、この考え方に含まれる二つの要素のどちらかを手放すことで果たされる。ＡＡは、個人の力でコントロールすべきという考え方を放棄し、当事者研究は、問題が個人の内部にあるという考え方を放棄する。そうすることで、「共同性」という妙薬を手に入れたのである。

4 おわりに

自助グループと当事者研究はそれぞれ別の角度から共同性を達成して問題に立ち向かう。では、この二つをわれわれはどう使い分ければよいのか。この問題を最後に検討しておこう。この二つの方法は「垂直モデル」と「水平モデル」という異なる認識論のうえに成り立っており、一見両立不可能なようにも見える。しかし、べてるの家ではこの両者が併用されている。べてるのメンバーは、AAやSAのミーティングにも参加するし、当事者研究のミーティングにも参加する。一方で、自己を神にゆだねつつ、他方で、仲間とともに問題に立ち向かう。この一見矛盾する試みは一体何を意味しているのか。この謎を解く鍵はAAのミーティングでおなじみの「平安の祈り」のなかにある。

神様、私にお与えください。自分に変えられないものを受け入れる落ち着きを。
変えられるものは変えてゆく勇気を。そして、二つのものを見分ける賢さを。

垂直モデルは「無力」という認識を出発点にして「変えられないものを受け入れる落ち着き」を育む。一方、水平モデルは問題を「外在化」することで「変えられるものは変えてゆく勇気」を育む。変えられないものを変えられると思いこむ傲慢さ、変えられるものを変えようとしない臆病さ、われわれはつねにこの二つの誤りと隣り合わせに生きている。そして、「二つのものを見分ける賢さ」をなかなか手に入れることができない。しかし、垂直モデルは「変えられないもの」をわれわれに意識させ、水平モデルは「変えられるもの」をわれわれに意識させてくれる。「二つのものを見分ける賢さ」をひとりでもつことは難しくても、みんなで一緒に考えれば見分けることができるかもしれない。自助グループと当事者研究という二つのミーティングはそうした可能性を広げている。二つのミーティングが違和感なく両立する理由はこのあたりにあるように思われる。

注：本章で用いている「自助グループ」と他の章で用いている「セルフヘルプ・グループ」は同じものを指している。ただし、前者は現場で多く用いられ、後者は研究者の間で多く用いられるという違いがあるため、あえて統一せずに初出の媒体に応じた表現をそのまま用いることとした。

第一二章　医療コミュニケーションの変容
――平等化と民主化をめぐって

1　はじめに

医療コミュニケーションへの関心はここ数十年の間に急速に高まっている。その大きなきっかけのひとつとなったのは、「インフォームド・コンセント」という言葉の普及であろう。それまでの医療者に患者が一方的に従う医療から、医療者の説明と患者の同意によって成り立つ医療へとそのイメージは大きく変容した。「父権主義」から「平等主義」へ、「権威主義」から「民主主義」への変容といえるが、もちろん、変容したのはイメージであって実体がどこまで伴っているかは別問題である。また、病気の種類によってもその変容の仕方や度合いはさまざまであろう。しかし、いずれにせよ、ここで重要なのは医療者と患者のコミュニケーションそれ自体が主題化したことである。コミュニケーションが医療現場において無視できない重要なトピックとなったこと自体が社会学的に重要な検討課題となる。

医療現場におけるコミュニケーションへのこうした注目の高まりは、保健医療社会学にさまざまな検討課題を投げかける。第一に、このような変化はなぜ生じたのか、その背景には何があるのかなど、変化の原因や背景に関する問題がある。第二に、その変化が進んでいるところと遅れているところはどこか、なぜそうなのかなど、変化の進行状況の違いに関する問題がある。第三に、「平等化」、「民主化」は具体的にどのような形をとっているのか、それはほんとうに「平等化」や「民主化」といえるのかなど、変化の具体的内容や特徴に関する問題がある。第四に、こうした変化は医療者や患者に結果として何をもたらしたのかといった変化の帰結や効果に関する問題がある。

これ以外にもまだ検討すべき課題があると思われるが、これらのうち医療者にとってとりわけ重要なのは、第三と第四の課題であろう。どのようなコミュニケーションのあり方（第三の課題）が、患者の回復や予後やＱＯＬにどう影響するのか（第四の課題）という実践的関心につながるからである。特定のコミュニケーションのあり方が回復のあり方に影響するとすれば、そのとき、コミュニケーションは医療における副次的な存在ではなく、手術や投薬と並ぶ重要な医療的手段のひとつとなる。また、看護、心理、福祉などの領域ではさらに重要な実践手段として位置づけられるであろう。もちろん、医療コミュニケーション研究はこうしたプラグマティックな関心だけに限定されるべきではないし、多様な視点からの研究が必要とされている（医療コミュニケーション研究会、2009）。しかし一方で、医療コミュニケーションへの関心の高まりという現実を考えるとき、こうした実践的な関心がどのような成果を生みどのような方向に向かっているのかを検討することもまた保健医療社会学の重要な課題のひとつとなる。

以上のような問題群の広がりをふまえた上で、本章では主に第三の課題に焦点を当てる。「平等化」や「民主化」は具体的にどのような形をとって進行しつつあるのかという問題である。その際、こうした変化を推進する上で重要な影響を与えたと思われる研究や実践を検討の手がかりとする。そうした研究や実践として取り上げるのは、「病いの語り」、「ナラティヴ・アプローチ」、「当事者研究」、そして、「オープンダイアローグ」である。精神科領域にやや偏ったものになっているが、それは、精神科領域が他領域と比べてコミュニケーションにとりわけ大きな比重を与えざるをえない領域であることによる。精神療法の歴史はコミュニケーションの変革の歴史であり、「コミュニケーション・デザイン」（平田、2011）の革新の歴史であるといえる。また、精神科領域はコミュニケーションの「正常」と「異常」を診断し判定する特権的な役割を与えられてもいる。このようにコミュニケーションにもっとも敏感であらざるをえない領域においてどのような変化が生じてきたのか、これを追うことにする。

2　病いの語り

医療者と患者のコミュニケーションのあり方に鋭く光を当て、その後の研究や臨床に大きな影響を与えたのが、クラインマンの「病いの語り」である（Kleinman, 1988）。日本でも九〇年代後半に翻訳が出て広く読まれている。ここでの重要なキーワードのひとつは表題にも掲げられている「病い」（illness）である。病気の生物医学的側面を表す「疾患」（disease）に対して、「病い」は病気の社会文化的、主観的側面を意味する。

クラインマンが取り上げている次の事例がその違いを見事に示している。患者（フラワーズ夫人）は高血圧の三九歳の黒人女性で五人の子の母親である。現在、四人の子供と彼女の母親、そして二人の孫と一緒にスラム街に住んでいる。医師との間で次のようなやりとりがなされた。

医師：ほかに困ることはありますか？
夫人：よく眠れなくてね、先生。わたしが思うにそのわけは……。
医師：寝つけないいんですか？
夫人：そうなんです、それに朝、本当に早く目が醒めてしまってね。エディー・ジョンソンの夢を見てね。たくさんのことを思い出して泣いてね。本当にひとりぼっちなんでね。私はわからないけれど……。

医師：何かほかに問題がありますか？　からだの問題のことを聞いているんですけれど。
夫人：いや、疲れた感じはあるけどね。でもそれは何年も続いています。リチャーズ先生、誰かのことで思い悩んだり、そのひとがいなくなって寂しかったりすると、頭痛が出ると思いませんか？
医師：わかりませんね。筋緊張性頭痛だったらありうることです。でもほかに、めまいとか倦怠感とか疲労とかいったことはなかったんですか？

医師はもっぱら「疾患」について聞こうとするのに対し、患者は「病い」について語ろうとする。こうして、コミュニケーションはすれ違う。結果として、患者は自分の話をまともに聞いてくれない医師に不満をもち医療から遠のいていく。一方、医師は自分の指示を理解せず従わない患者に対してノンコンプライアンスというレッテルを貼って治療意欲をなくしていく。

このようなコミュニケーションのずれはいまに始まったことではない。「病気を見て人を見ない」という言葉は昔からあり、いまも死語とはなっていない。ここで「病気」とは「疾患」であり、「人」とは「病い」である。「人を見る」とはすなわちその人の「病い」を理解しようとすることである。その人がその病気をどのように経験し、どのように思い悩み、どうしたいと思っているのか。その人の内面的な世界に分け入り、医療者がその世界を理解することの重要性がここで問われている。とりわけ、慢性疾患においては、生物医学的な根本的解決策がないだけに、こうした理解こそが重要となる。病気を治すのではなく、病気とともにどう生きるかが主題となるからである。

こうした「病い」と「疾患」の区別は、それまでの医療者－患者関係における「父権主義」や「権威主義」の議論とは異なる論点を示した点で大きな意義がある。事例に見られるように医師の語り口はそれほど父権的でも権威的でもない。したがって、ここでは「支配－従属」の関係が問題なのではない。問題は、「病い」と「疾患」という病気の異なる側面の対立である。あるいは、医師と患者の「説明モデル」の違い、医師が期待するコミュニケーションと患者が期待するコミュニケーションのずれと言い換えてもよい。それまでの医師－患者関係の議論が、「地位」や「役割」といった社会学的概念に基礎を置くものであったのに対して、ここでは、「相互行為」、「コミュニケーション」へと焦点が移っていることを確認しておきたい。

3　ナラティヴ・アプローチ

クラインマンの主張とほぼ同じ時期に、医療者－患者関係の「平等化」と「民主化」に関して新たな視界を拓いたのがナラティヴ・アプローチである。ナラティヴ・アプローチは主に家族療法の領域で九〇年代に生じた新たな試みの総称で、社会構成主義を理論的背景にもつ点に共通の特徴をもつ（野口、2002）。そこにはいくつかの興味深い実践があるが、その代表的なものとして、「問題の外在化」、「無知の姿勢」、「リフレクティング・チーム」の三つの実践について検討する。

(1) 問題の外在化

まず最初に取り上げたいのは、ホワイトとエプストンによる「問題の外在化」という方法である(White & Epston, 1990)。通常、精神科的な問題は個人のなかに「内在」するものとみなされそれへの対応策が検討される。これに対して、ホワイトらは、「人と問題を分ける」ことを提唱する。そして、その人がその問題によってどのような影響を受けてきたか、また、その人がその問題の存続にどう影響を与えてきたかに焦点を当てる。こうすることによって、その人の中に内在する問題(=病理)をいかに治療するかではなく、その人を苦しめている問題を対象化してそれといかに戦っていくかに課題が転換する。このとき、医療者は人の内部にある問題を診断し治療する「治療者」の役割から、人が問題と戦うのを助ける「支援者」の役割へと転換する。さらに、共同して問題に立ち向かう「同志」という関係が生まれれば、それはまさしく「平等化」といえる。

もうひとつ、ホワイトらの実践で重要なのが「物語の共著者」という考え方である。精神科を訪れるひとはなんらかの物語に呪縛されてそこから脱出できずに苦しんでいる。だとすれば、回復は、人を支配し抑圧する物語(ドミナント・ストーリー)から脱してより生きやすい新しい物語(オルタナティブ・ストーリー)を作っていくことで達成される。ただし、この新しい物語がどのような物語なのかは患者も医療者もわからない。正解が見えていてそこに導けばよいわけではない。このとき、医療者と患者が共同で新しい物語を作っていくことが必要になる。それが「物語の共著者」というアイデアである。ここでも、医療者と患者は一方が他方を指導する関係ではなく、共同して物語を探索し創造していく「平等」な関係であることが求められている。

（2）無知の姿勢

「無知の姿勢」はアンダーソンとグーリシャンによって提唱された精神科面接の新しいあり方である（Anderson & Goolishian, 1992）。統合失調症の患者に関しては従来その妄想内容を詳しく聞くことは禁忌とされてきた。聞くことで妄想を強化してしまう危険性があるからである。とはいえ、まったく聞かないこともまた患者の心を閉ざしてしまう。そこで、「肯定も否定もしない」聞き方が推奨されてきた。たとえば、「重い伝染病にかかっている」という妄想に関して、「あなたがその伝染病にかかってからどのくらいですか？」と聞くのではなく、「あなたがその伝染病にかかったと思ってからどのくらいですか？」といった聞き方である。

しかし、この例でもわかるとおり、「かかったと思った」という言い方は、そもそも「伝染病には本当はかかっていない」という医療者側の判断を言外に伝えてしまう。それを敏感に感じ取った患者は、医療者が自分の言うことを信じていないことを察知し、それ以上自分のことを話す意欲をなくしてしまう。これに対して、アンダーソンらは「あなたがその伝染病にかかってからどのくらいですか？」といういわば「掟破り」の質問をした。すると、患者は、一瞬、驚いた表情を見せながらも、自分の経験してきた世界について詳しく語り出す。そして、面接の終わりに次のように言う。「今日のセラピストは僕の言うことを信じてくれたよ！」。

ここで重要なのは、アンダーソンらはこの掟破りの質問をひとつの技法としておこなったのではない点である。患者がどのように恐ろしい世界を生きているかについて医療者は本当に何も知らない「無知」の状態にある。だから、患者に教えてもらうしかない。そこから発せられたのがあの質問だった。したがって、「無知の姿勢」は意図的におこなう「技法」ではなく、当然の「姿勢」だということになる。専門家はたしかにたくさんの専門知識をもっている。しかしそれは「疾患」についての知識であって、患者が生きる世界すなわち「病い」については何も知らない。「病い」と「疾患」の区別はこのような新たな医療者－患者関係を作りだす。「病い」については教えてもらうほかないという「民主的」な関係がここに生まれている。

(3) リフレクティング・チーム

「リフレクティング・チーム」はアンデルセンらによって生み出された精神科面接の新しい方法である(Andersen, 1991)。家族療法の領域では、面接室での家族のコミュニケーションをマジックミラー越しに専門家たちが観察して問題点を見つけ介入するというやり方が一時期主流であった。このとき、専門家たちはお互いに自分の見立てや介入方法を競いあうような関係になりがちだった。また、家族には聞こえない観察室のなかでは、家族の悪口や批判的な言葉も飛び交っていた。こうした状況に違和感を感じて、専門家同士の話しあいを逆に家族に観察してもらい感想を言ってもらう方法が考案された。それがリフレクティング・チームである。観察室と面接室の関係を逆転させ、さらに、その逆転を何度か繰り返していくのである。

このような方法を試みた結果、専門家の発言は断定的な言い方を避けるようになり控えめな言い方に変わった。お互いの意見を競いあうのではなく、お互いの意見を尊重しあうようになった。また、家族も、自分たちが他人からどう見えるかについての多様な意見にふれて、自分たちの問題をそれまでとは別の角度から見直すことができるようになった。何か有効な解決策が見えてくるわけではないのだが、多様の意見や多様な視点が交錯し響きあうで、問題をめぐる新たな言葉が生み出され共有されていくのである。

この方法が意味しているのは、専門家が家族より一段上にいて治療や指導をするという従来の前提（ワンアップ・ポジション）を放棄することである。まさしく「平等性」を空間的に構造化したものであり、「平等性」を担保するためのコミュニケーション・デザインといえる。また、家族が専門家に対して意見や感想を言う機会を保障するという点で「民主化」も果たされている。「平等化」と「民主化」を構造的に達成する方法のひとつがここに示されている。

4　当事者研究

「当事者研究」は、すでに述べたように精神障害者たちのコミュニティである「浦河べてるの家」で始まった新たな支援の方法であり回復の方法である（浦河べてるの家、2002, 2005）。

精神病の患者たちは、自分を見つめ反省する作業を嫌というほどやっている。しかし、いくらやっても事態は改善せず症状行動を繰り返している。そうしたなかで、ソーシャルワーカーの向谷地は患者に次のような提案をする。

自分を見つめないといけないね。だけど、もっと自分に深く迫る方法として、〈研究〉という方法があるよ。

「自分を見つめる」という言葉を「研究」という言葉に置き換えたら、彼は「やってみようかな」という気になったという。こうして、当事者研究はスタートした。具体的には、何人かの患者が集まってそのうちのひとりが自分の抱えている悩みや問題について説明する。それに対して、参加者たちがさまざまな質問をし意見や感想を言う。こうして、ひとりで抱えて苦しんでいた「問題」にさまざまな角度から光が当てられて理解が深まり、なんらかの対応策も発見されていく。同時に、参加者たちも彼の抱えている問題のつらさや苦しさについて理解を深め、彼への対応の仕方が変わっていく。

さらに向谷地は言う。

研究という形をとることで、生きづらさをかかえて爆発している多くの仲間を代表して、そういう仲間たちと連帯しながら、自分のテーマに迫っていける。無意味にしか思えなかった失敗だらけの忌まわしい過去が、「自己研究」という衣をまとった瞬間、新しい人間の可能性に向かって突然、意味をもちはじめる。

「反省」は自分のために行われるが、「研究」は同じ問題で苦しむほかの人たちにも役に立つ可能性がある。「反省」は苦しみを伴うが、「研究」はパズルを解くような楽しみを伴う。「反省モード」と「研究モード」という二つのコミュニケーション・モードの違いが実践的にまったく異なる効果をもつことがここに示されている。

こうした動きを受けて、当事者研究は精神科領域以外にも広がり、さらに理論的な進化を遂げた。発達障害当事者の綾屋と脳性麻痺当事者の熊谷によるものである（綾屋・熊谷、2008, 2010）。綾屋は自分に初めて診断名がついたときに、いろいろなことに説明がついてとても楽になったという経験をする。しかし、しばらくすると、その説明では足りないところやずれているところが気になりだす。そして、熊谷と二人で「当事者研究」を始める。綾屋らは次のように述べる。

当事者研究では、多数派の世界ではないことになっている現象に対して、新しい言葉や概念を作ることをとおして、仲間と世界を共有する。

そして、そういった世界の共有だけで解決することは多いのだということに気づかされていく。

当事者は既存の専門用語や理論だけでは語り尽くせないさまざまな経験や思いを抱えている。そして、その語り尽くせなさがその人を苦しめている。だとすれば、その語り尽くせなさに言葉を与えていくこと、自らの経験を表す言葉を見つけていくことが重要となる。そして、そのような言葉が探り当てられたとき、人はすこしだけ楽になれる。綾屋らはさらに述べる。

当事者研究における日常生活は、正解がすでにあって、間違えたり失敗すると裁かれる「試験の場」ではなく、仮説に従って動いてみて結果を解釈する「実験の場」になる。

「反省」はそれが生かされないとさらに落ち込むが、「研究」は失敗しても何度でもやり直すことができる。「反省モード」と「研究モード」はその後の行為のあり方にも大きく影響する。

当事者研究は、臨床の現場でよく見られる「反省モード」のコミュニケーションが事態を悪化させていることに気づいて、それに代わる「研究モード」という新たなコミュケーション・モードを立ち上げた。そこでは、医療者が患者を診断し指導するというコミュニケーションではなく、患者同士が共同して「問題」を研究しそれに立ち向かうというコミュニケーションがおこなわれている。従来、「研究」は研究者がおこなうものであって、患者は「研究の対象」とされてきた。それに対して当事者研究は、当事者が「研究」という魅力的な行為をおこなえるようにする実践と言い換えることもできる。ただし、ここで研究者がおこなう「研究」を批判したり対抗することが目的なのではない点に注意が必要である。研究者が研究をおこなう権利をもつのと同様に当事者も研究をおこなう権利をもつ。ここでも、医療者－患者関係の「平等化」と「民主化」が独自の形で展開している。

5　オープンダイアローグ

「オープンダイアローグ」はこれまで述べたとおり、フィンランドの西ラップランド地方でセイックラらを中心におこなわれてきた精神医療の新しい実践システムである。精神病薬を最小限しか使わず五年予後で七九％に症状がみられないという驚異的な治療成績をあげている点で注目を集めているが（Whitaker, 2010）、そこにはいくつかの革新的な考え方と方法がある。

その第一は、統合失調症などの精神病が疑われるケースの連絡を受けた場合に二四時間以内に地域の精神病院のスタッフチームがケースのもとに出向いて最初のミーティングをおこなう点である。第二は、ミーティングには本人、家族のみならず、友人、近隣、同僚、援助専門職などの関係する主要なネットワークメンバーに声をかけて参加してもらう点である。第三は、いかなる治療的決定も本人が参加しているミーティングの場でおこなう点である（Seikkula & Olson 2003; 本書第七章）。

患者本人、家族、医療関係者だけでなく、友人、近隣、同僚、他の援助専門職など本人に関わりのあるネットワークメンバーが一堂に会し車座になってミーティングをおこなう。そして、このとき、医療関係者も単なる一参加者として思いや感想を述べる。参加者全員が聞いている状況のなかで、さまざまな組み合わせによる対話がおこなわれる。これがオープンダイアローグ（＝開かれた対話）と呼ばれる由縁である。

このやり方はさきほど紹介したリフレクティング・チームから大きな影響を受けており、その進化形ともいえる。まず、一組の対話があり、それを聞いた人々による次の対話が続き、さらに、それらを聞いた人々による対話が続くという形で対話が連鎖していく。専門家同士の対話が患者や家族の前でおこなわれ、それに対して患者や家族が感想や意見を述べ、専門家と患者家族の対話が進められる点はリフレクティング・チームと同様である。さらに、このミーティング以外では専門家同士での相談（スタッフ・ミーティング）を一切おこなわず、いかなる相談や決定も本人が参加しているミーティングの場でおこなうという点で、リフレクティングの考え方をより徹底させたものといえる。

さらに重要なのは、何か結論を出すことが目的なのではなく、対話を続けること自体が目的とされる点である。「危機的状況が突きつける「いま何をすべきか？」という問いについては、対話そのものが答えを出すか、そもそもの問題がなくなってしまうまで、回答は保留され」る。

つまり、「問題」を特定しそこに介入することが目的なのではなく、対話的関係を作りそれを発展させることが目的とされる。結論を急がず、「不確実性に耐える」ことが求められるのである。その際、誰の発言に関してもかならずなんらかの応答をすることが重要となる。応答されない発言は「モノローグ」となり「ダイアローグ」とならないからである。「ダイアローグ」を発展させることが何よりも大切にされている。

以上の実践は、従来の医療者－患者関係の前提を次の三つの点で覆している。

第一は、医療者が患者を診断し指導するのではなく、両者が共同で何かを生み出していくという点であるが、これはナラティヴ・アプローチや当事者研究とも共通している。

第二は、結論を急がず不確実性に耐えるという点で、この点がナラティヴ・アプローチや当事者研究と異なる点である。ナラティヴ・アプローチや当事者研究も結論を急いでいるわけではないが、そこで何か新たな発見や気づきという成果が生まれることをひとつの目標としている。これに対して、オープンダイアローグは徹頭徹尾、対話だけをひたすら追い求める。そして、その結果的な副産物としてなんらかの変化が生まれる。成果を求めて対話をするのではなく、対話を求めた結果その副産物として成果が生まれるのである（斎藤、2015）。

第三に、専門家同士の分業や協働の関係を想定しない点である。専門家がそれぞれの専門性を持ち寄ってそれをうまく組み合わせる「協働」が求められているのではなく、患者と関係のある一参加者として対話に参加することだけが求められる。そこで問われているのは専門知識や技術ではなく対話に参加しようとする姿勢である。専門家が患者をとりまくネットワークの一員として位置づけられるという点で、患者や家族だけでなく友人や近隣や同僚とも対等な関係がここに表現されている。「平等化」と「民主化」を徹底して追求するコミュニケーション・デザインといえる。

6　デザイン・モード・倫理

以上、主に精神科領域における医療コミュニケーションの変容について見てきた。ここで取り上げた研究や実践はいずれも「平等化」と「民主化」を推進する方向で進んでいる。こうした動きから保健医療社会学は何を学ぶことができるか。最後にこの問題を検討しておこう。

第一に指摘できるのは、「コミュニケーション・デザイン」のさまざまな工夫についてである。「平等化」や「民主化」をただお題目として唱えるのではなく、また、個人の努力や意識改革に求めるのでもなく、それが達成できるようなコミュニケーション・デザインがさまざまなかたちで工夫されている。これをもっともラディカルにデザインしたのは「リフレクティング・チーム」であろう。専門家同士の会話を患者家族に観察してもらうというまさに逆転の発想によって、「平等化」と「民主化」は目に見える形で達成されている。

また、「オープンダイアローグ」においては、さまざまな立場のネットワークメンバーが一堂に会し車座に向き合って自由に対話をおこなうという形式が考案された。医療者と患者の二者関係を中心に置くのではなく、患者と患者を取り巻くネットワークメンバーの関係はすべて平等であることが席の位置取りとミーティングの進め方のなかに表現されている。特権的な指導者はどこにもいないことが空間的かつ時間的に表現されているのである。

第二に指摘できるのは、「コミュニケーション・モード」への着目である。「問題の外在化」は「人と問題を分ける」という認識枠組を明確にして、人に内在する問題についてのコミュニケーションではなく、人に外在する問題についてのコミュニケーションという新たなコミュニケーション・モードを開発した。問題が人に内在するのだとすれば、その人自身が変わることが目標となり(＝反省・自己変革モード)、医療者はその変革を指導助言する役割をとることになる(＝指導・助言モード)。しかし、問題がその人の外にあるのだとすれば、その問題とどう戦うかが目標となり、医療者はその戦いを支援しともに戦う同志となる(＝支援・同志モード)。問題の所在をどこに設定するかで医療者と患者の関係は大きく異なってくる。

また、「当事者研究」は従来の医療者－患者関係が暗黙のうちに患者を「反省モード」へと導き、それがかならずしも患者のためにならないことを発見した。そして、それに代わる「研究モード」を立ち上げた。その際、医療者はファシリテーター役に徹し、研究をおこなうのはあくまで患者たち自身であるようなコミュニケーション・デザインを行った。ここでも「人と問題を分ける」ことが前提となっており、問題を外在化することで研究が成立している。「研究モード」とは問題の外在化を無理なくおこなえるようにするモードであるといえる。

さらに、「オープンダイアローグ」では「対話モード」が全面的に展開される。「指導モード」や

「助言モード」ではなく、また、「協働モード」でもなく、「対話モード」である。近年、医療コミュニケーションの文脈で「協働」はひとつの合言葉のように唱えられることがある。しかし、「協働」は専門家がそれぞれの専門性を持ち寄ってそれをうまく組み合わせる点に特徴があり、専門家の権威は維持されて「平等化」と「民主化」は不徹底となる。それに対して、「オープンダイアローグ」は対等な一参加者としての「対話」を要求する。「対話」は一見簡単なようでいて実はなかなか実現しにくいものだからである。せっかく対話が始まっても、それはいつのまにか指導や助言や協働にすり替わったりもする。「対話モード」を徹底して維持する工夫が「オープンダイアローグ」であるといえる。

第三に見えてくるのは、「倫理」と「効果」という二つの価値をめぐる問題である。これまで見てきたいくつかの実践はそれが臨床実践である限りなんらかの改善効果をもつことが求められる。実際、これらはこれまでにない改善効果をあげることで注目されてきた。だとすれば、「平等化」と「民主化」は改善効果をあげるために有効なひとつの技法だということになる。一方、もともと「平等化」と「民主化」の動きが出てきた背景を考えると、それは「インフォームド・コンセント」のように父権主義や権威主義に対する批判という形で倫理的色彩の強い動きであったといえる。では、これまで見てきた実践において、この倫理的側面はどう位置づけられるのか。

その答えは、いずれの実践においても、「倫理」と「効果」は決して対立する価値なのではなく、むしろ一致するということである。倫理的であることが改善効果につながっている、あるいは、改善効果を高めようとすると倫理的であらざるをえないということである。臨床の領域、とりわけ、精神科をはじめとする慢性疾患に関わる領域では、病いは人としての生き方と深く重なり合っている。したがって、病いとどう向き合うかということは、そのまま、人としてどう生きるのかということとつながっている。そのとき、倫理的に正当化できないような生き方をすることはできないし、倫理的であることが病いに向き合う支えとなる。それはフランクが描き出した「探求の語り」における「語りの倫理」(Frank 1995) という問題とも関連する。「平等化」と「民主化」は単なる技法ではなく人が倫理的に生きるうえでの重要な前提であり、それを可能にするコミュニケーション・デザインとコミュニケーション・モードが求められている。

さらにいえば、こうした倫理的な要請は、現代社会が推進してきた専門化、技術化、効率化という方法が決して万能ではないこと、回復や改善にとってかならずしも効率的ではないことを意味している。むしろ、倫理的であることが結果として効率的である。これまで紹介してきた実践はそのことを示している。もちろん、専門化や技術化によって回復する病気がたくさんあり、救われる命がたくさんあることはまぎれもない事実であり、その点で専門化と技術化は称賛されるべきである。しかし一方で、専門化と技術化が倫理的要請を退けてしまう場合があり、その場合は回復や改善とは逆の方向へと人々を追いやる可能性がある。これまで見てきた医療コミュニケーションの変容は、現代医療における「倫理化」というもうひとつの重要な動きを映し出している。医療コミュニケーション研究は、「平等化」、「民主化」という動きとともに「倫理化」という動きにも注意を払う必要がある。

第一三章　ナラティヴと共同性

ナラティヴ・アプローチはさまざまな分野で独自の世界を切り拓いてきた。それは、ナラティヴという概念自体のもつ魅力とともに、その基礎理論である社会構成主義の独特のスタンスに負うところが大きかったといえよう。しかし、当然のことながら、どんな概念や理論にも固有の限界や盲点がある。また、時代の変化によって新たな課題が見えてくることもある。これまでの章においても、ナラティヴ・アプローチが個人モデルや病理モデルを批判しながらその残像のようなものを引きずっていたこと（第七章、八章）、ネットワークや共同性との関係についての議論が十分ではなかったこと（第八章）、感情について明示的に論じてこなかったこと（第七章、九章）などを論じてきた。

ナラティヴ・アプローチはどのような限界をもっており、その限界をわれわれはどう受けとめればよいのか。ナラティヴ・アプローチが日本に導入されて二〇年がたったいま、この問題をあらためて検討すべき時期が来ているように思われる。それはまた、この二〇年間の社会の変化をふまえて、あらためてナラティヴ・アプローチの意義を考えることでもある。この問題については、社会構成主義の理論的な中心人物のひとりであるケネス・ガーゲンが早い時期から論じている。まずはこの議論を振り返ってみよう。

1 ガーゲンの論点

ガーゲンは、一九九二年に出版された編著『ナラティヴ・セラピー――社会構成主義の実践』(McNamee & Gergen, 1992=2014) のなかで、「ナラティヴ・モデルを超えて」という論考を発表している。原題は、"Beyond narrative in the negotiation of therapeutic meaning" というもので、セラピーにおけるナラティヴ・モデルを主題として、そこに内在する限界や問題点を論じている。ナラティヴ・アプローチという新しい方法論が登場して間もない時期に、その問題点に関する議論は早過ぎたせいか、これまでこの論文が引用されることはほとんどなかった。しかし、いまあらためて、この議論を振り返ってみることは、ナラティヴ・アプローチの限界を考えるうえでの出発点となる。彼によれば、ナラティヴに着目するセラピーは、モダニストの理論を批判し、セラピーのポストモダン的転回を果たそうとするが、いまだにモダニズムを引きずっているという。では、どのような意味で引きずっているのか、彼の議論を追ってみよう。

ナラティヴ・モデルは、ナラティヴがひとの生活や人生において果たす機能を、二つのアナロジーで説明する。ひとつは、「内的レンズ」、もうひとつは「内的モデル」である。「内的レンズ」は、物語を「世界を見るための媒体」と考える。物語がひとの内部にあって、そのひとのものの見方を決定する。ひとは自分のなかにある物語に沿った形で物事を認識し、別の物語に変われば世界の見え方も変わるというものである。一方、「内的モデル」は、物語を「アイデンティティや行為の導き役となり、疑問に答えてくれるストーリー形式」と考える。自分のなかにある自己物語が人生のさまざまな選択や決定に影響するので、その自己物語が変われば選択や決定も変わってくるというものである。こうした二つの見方は、一般にナラティヴ・モデルとして理解されている内容とほぼ重なっていると思われるが、ガーゲンはこうした見方には三つの欠点があるという。

その第一は、「個人主義的傾向」である。「内的レンズ」も「内的モデル」もともに個人の内部にあるものと想定されている。しかし、ナラティヴ・アプローチの基礎にある社会構成主義は個人ではなく関係へと理論の焦点を移した。個人が関係を作るのではなく、関係が個人を作る点を第一に考える。その意味で、個人主義的傾向は社会構成主義の立場に立っておらず、従来のモダニストの発想を引きずっていることになる。

第二は、「物語の単一性」である。「内的レンズ」も「内的モデル」も、単一の物語がレンズになったり、モデルになることを想定している。もちろん、セラピーはその物語の変化を目指している点で複数の物語を視野に入れているといえるが、ある時点でみれば信じている物語はひとつである。しかし、単一の物語はある環境ではうまく機能しても、別の環境ではうまく機能しない可能性があり、それは「満足に機能しうる関係や状況の幅を限定することになる」という。

第三は、「物語との一体化」を志向する点である。レンズもモデルも、ひとがその物語を信仰し、それに忠実に生きることを想定している。しかし、そうした一体化や信仰はまたしてもそのひとの生き方の幅を狭める。「ひととの関係の仕方を大きく制限する」ことになるのである。

以上の批判は、理論的にはたしかに成り立つと思われるが、どこか違和感を覚えるひともすくなくないであろう。それは、かならずしも批判となりえない状況が容易に想定できるからである。たとえば、いまどうしようもない苦しみのなかで途方に暮れている人にとって新しい物語が見えてくる経験は、文字通り、暗闇に一筋の光明を見出すような経験となるはずで、それが「個人主義的傾向」をもとうがもつまいがそのひとにとってはどうでもよいことである。また、苦しい現実とは違う現実が見えてくることは大きな喜びとなるはずであり、そのとき、「物語の単一性」はなんら問題にならないであろう。「物語との一体化」も同様に、現に苦しんでいるひとにとっては一体化できる新しい物語が見つかることの喜びのほうが大きいはずである。

つまり、これらの批判は、現に苦しい現実を生きているひとがセラピーに救いを求めている状況にはあてはまらない。それは、一旦、苦しみの状態から脱した後に遭遇するかもしれない次なる困難について述べている。また、そうした場合でも、それはかならずしも困難とはならない場合もある。たとえば、「物語との一体化」はたしかに生き方の幅を狭めるかもしれないが、それでもかつての苦しさに比べればはるかにましだという場合もありうるであろう。ただし、ここで、ガーゲンの批判は理論的な批判であって現実的な批判ではないと片付けるのは早計であろう。彼の批判する論点は短期的には問題とならないかもしれないが、長期的には妥当する可能性があるからである。セラピーを短期的な支援と考えるか、長期的な支援と考えるかによって、この批判の意味は異なってくる。この問題については後にあらためて検討する。

では、ガーゲンはこれらの欠点をどう乗り越えようとするのか。それは、「対話を通じて意味が生成することに広く関心をもちつつ、物語と物語的思考に強調点をおくこと」であり、以下の諸点が含まれるという。「意味の相対性を再認識すること」、「決定不能性を受け入れること」、「意味の多元性を生み出すような探求をすること」、そして、「不変のストーリーにこだわったり有限のストーリーを探したりする必要がないことを理解すること」である。ここで強調されているのは徹底した相対主義と多元主義である。それは、ひとつの物語にとらわれない態度、つねに新しい物語を待ち望む態度と言い換えることができる。そして、「境界の中で遊ぶ」のではなく「境界と遊ぶ」というイメージが提示される。自らの暗黙の前提や境界の中に安住するのではなく、つねにそれらを相対化し乗り越えて世界を広げていく生き方が推奨される。そうした生き方はたしかに魅力的かもしれない。しかし、それを続けることのしんどさもまた容易に想像できる。ひとつの生き方や環境に安住することができないからである。なぜ、自らが築いた環境に安住してはいけないのか。

こうした考え方はいうまでもなくポストモダニズムの典型的な考え方といえる。モダンの枠組を相対化してもそれに代わる別の枠組を採用すれば、それはまたひとつの枠組を絶対視するモダニズムと違いがなくなってしまう。モダニズムを批判するためには、単に「相対化する」だけでなく、「相対化し続ける」ことが求められる。ガーゲンはモダニストの考え方を批判し、ポストモダニズムを徹底しようとする。それを理論レベルだけでなく実践レベルでも徹底しようとする。その姿勢には敬意を表するほかないが、それはまた、ひとを境界と遊び続ける無限のゲームへと誘うことで、ひとつの物語に駆り立てる可能性があることにも注意が必要である。それは文字通り、「終わりのない物語」にほかならない。われわれはこの物語を受け入れることができるだろうか。次にこの問題を検討しよう。

2　再帰化と個人化

この問題については、以前に、「オルタナティブな現実」という言葉で論じたことがある（野口、2001）。社会構成主義は現実の相対化を推し進める。いかなる現実も社会的に構成されたものであり、別様にも構成されうると考える。だとすれば、われわれは、どのレベルの現実を信じればよいのかという問題が生ずる。その答えは、「オルタナティブな現実」が希求されるときに、いまある現実の境界を越えていけばよいというシンプルかつ現実的なものだった。つまり、いまの現実が耐えがたくなったら、それに代わる現実を求めるのは当然だが、そうでない場合に、ポストモダンの原理に忠実になっていまある物語を捨て去る必要はない。これが現実的な対応の仕方である。さきほどの言葉でいえば、いま現に困っていて救いを求めている状況と、一旦、苦境を脱した後に訪れるかもしれない次なる困難な状況は分けて考えればよい。「オルタナティブな現実」が希求されるときに新しい物語を探索し創造する。そのときには、それまでの前提や境界は必然的に踏み越えられていくはずである。

以上のような現実的な対応を考えれば、ガーゲンの批判はそれほど深刻に受け止める必要はなくなる。また、その後のナラティヴ・アプローチの展開を見ても、ガーゲンの批判や提案を深刻に受け止めるべき状況は訪れなかったといえる。しかし、一方で、その後の社会の変化は、ガーゲンの主張に含まれていた別の側面に光を当てている。それは、ガーゲンの提案もまたきわめて個人主義的であったという側面である。

ガーゲンの提案は、モダンの自己像の限界を打ち破るという意味ではたしかに魅力的である。しかし、ひとつの生き方に安住できないという意味ではそれは多大な負担を強いる自己でもある。そして、この多大な負担は、意外なことに、モダンの自己と似ている。モダンが生み出した「再帰的自己（reflexive self）」である。再帰的自己は、不断の自己点検と不断の軌道修正によって成立する（Giddens, 1991）。不断の点検と修正という作業自体はモダンの自己とポストモダンの自己の両者に共通している。違いは、モダンの自己は、それが理想的な自己に向かって一歩一歩近づいていくという物語、すなわち、「成長」や「発達」の物語によって意味づけられるのに対し、ポストモダンの自己は、そのような理想的な自己、到達すべき自己像を想定できない点である。そこでは、ただ、いまある自己が固定化し硬直化することを避けることだけが目指される。「何かに向かう自己」と「何かを避ける自己」、モダンとポストモダンの自己は一見正反対の方向を目指しながら、不断の変化を求めるという「再帰性」の原理を共有している。

この類似はおそらく偶然ではない。ギデンズが指摘するように「再帰性」は近代の基本原理として社会を駆動してきたが、それが、「後期近代」においてさらなる高まりを見せた。その再帰性の高まりは、たとえば、「共依存」の病理化のように、それまで問題視されていなかった事態を問題視する視線のなかに典型的に表れている（Giddens, 1992）。不断の自己点検は社会の隅々にまで及び、さまざまな事象を「問題化」し、不断の自己修正を迫る。こうした時代において、理想的な自己はかつてのように単純には想定できない。かつては人間的成長の証と思われたことが、いまでは時代遅れの勘違いとして断罪されるかもしれない。そうした時代にあっては、むしろ、「理想」を求めずに「危険」を避けることが現実的な対応になる。ガーゲンがポストモダンの自己として想定したものは、モダンの原理を否定するというよりは、「再帰性の高まり」というモダンの徹底化に対応した自己のあり方という側面をもっていた。その意味では、それはポストモダンへの理論的対応だったのではなく、現実的対応だったと考えることができる。

このように考えると、ガーゲンの推奨するモデルもまた、個人主義的傾向に色濃く彩られていたといえる。物語を不断に更新していくというスタイルは、それによって、さまざまな環境に適応して生き延びることのできる個人を想定しているからである。ひとつのレンズやモデルでは、環境の変化に対応できない。相対主義と多元主義の立場に立って、レンズとモデルを不断に点検し修正していけば多様な環境に対応できる。そうした個人となることを推奨している点で、ガーゲンもまた個人主義的傾向を引きずっていた。ガーゲンは、個人が関係性を作るのではなく、関係性が個人を作るという社会構成主義の視点を強調するが、ここでの議論は、より適応力のある個人となることを目指しているものとして読める。ただし、そう読めるようになったのは、時代が変化したからだともいえる。再帰性の高まりという事態がまだあまり認識されていなかった九〇年代初めの状況では、それは、ポストモダンの理論に忠実なひとつの提案に見えた。しかし、それから二十数年がたったいま、それは、理論ではなく、再帰性の高まりという現実に見合った提案に見えてくる。時代の変化が提案の意味を変えたといえる。

こうした時代の変化は、ガーゲンの提案がもっていた個人主義的傾向をさらに別の角度からも照らし出す。それは、この二十年余の間に進行したもうひとつの大きな社会変動である「個人化」である。「個人化」はこれまでの章でも何度か論じたように、近代社会が自ら生み出した共同性が破壊され縮小していくことで、個人がそうした共同性による保護なしに社会に直接投げ出されていく過程としてとらえることができる（Bauman, 2001）。家族をもたない選択をするひとの増加、非正規雇用で会社組織に安定的に所属できないひとの増加などの事態にそれは端的に表れている。そして、バウマンが指摘するように、「組織の矛盾は人間の生き方によって個人史的に解決される」

(Bauman, 2000)。問題に対して共同で取り組むのではなく、個人が自分の人生物語のなかでそれを処理していく。こうした事態が進行するなかで、ガーゲンの提案は、結果的に、個人が個人史のなかで問題に取り組む際のひとつのモデルとして読めてしまう。ガーゲンは関係性の重要性を強調するが、新しい関係性や共同性に関するモデルは示されない。そうではなく、環境の変化を自力で乗り切っていく強い個人のモデルだけが示されている。

ガーゲンは、ナラティヴ・アプローチが勃興した時期にいち早くその限界を指摘した。それは一言でいえば、当時のセラピーがポストモダンを謳いながら、実際はモダンを引きずっているというもので、その批判の焦点はその個人主義的傾向にあった。しかし、その後の社会の変化は、ガーゲンの批判と提案もまた個人主義的傾向を色濃く反映するものであったことを示している。それは再帰性の高まりに適合した提案であり、かつ、個人化の進行にも適合してむしろそれを推進するものであった。アンチ・モダニズムとしての色彩が強かったガーゲンの主張は、実は、モダニズムの高度化という事態に適合する主張であったといえる。もちろん、ガーゲン自身は純粋にポストモダニズムの理論を徹底することを目指していたにちがいない。しかし、それは結果的に、モダンの高度化に対応する提案になっていた。では、こうした時代の変化のなかで、ナラティヴ・アプローチはどこへ向かえばよいのか。この問題を次に検討しよう。

3　共同性の実践

ガーゲンの主張は個人主義的傾向を批判するものでありながら、その主張もまた個人主義的傾向を色濃く反映するものであった。そうなった理由のひとつは、この主張が述べられた論考が、セラピー場面におけるナラティヴ・モデルのあり方を主題とするものだったためと考えられる。セラピーは、最終的には個人の適応力を高めることを目指す実践だからである。だからこそ、一旦手に入れた物語に縛られて人生の幅を狭めることが問題となる。短期的には問題を解決しても長期的には問題が解決していないからである。セラピーという実践は、適応力のある個人を目標とせざるをえないという点で、個人主義的傾向の枠から脱しにくいという限界をもっている。

しかし一方で、ナラティヴ・アプローチの代表的な実践が描き出してきた個人は、かならずしも、そのような適応力を身につけた強い個人ではなかった。ホワイトとエプストン（White & Epston, 1990）が描き出す「スニーキー・プー」と戦う家族は、家族一丸となって戦うたくましさを手に入れたが、ガーゲンの言うように「境界」と遊び、それを乗り越えていくようなしなやかな個人ではない。アンダーソンとグーリシャン（Anderson & Goolishian, 1992）が描き出す患者もまた、セラピストの「無知の姿勢」によって自らの物語を語れるようになり落ち着きを取り戻したが、どんな環境にも対応できる強さを手に入れたわけではない。アンデルセン（Andersen, 1991）が描き出す「リフレクティング・チーム」に参加する家族もまた、家族とセラピストたちの関係が変化して、問題に対する新しい視点を手に入れたが、個人としての適応力が増したかどうかは明確ではない。もちろん、これらはいずれも当面の危機を脱した事例であり、ガーゲンが心配する一旦危機を脱した後の困難に直面する段階ではないのでこれらのことは当然かもしれない。しかし、それにしても、個人の適応力が増したという側面はあまり浮かび上がってこない。

ここで考えなくてはならないのは、セラピーが個人の適応力を高めることを目標としながらも、実際にそこで達成されているのは何かという問題である。セラピーの結果、個人に内在するなんらかの能力が高まったともいえるが、家族やセラピストとの間に新しい関係性や共同性が生まれたともいえる。ガーゲンは、社会構成主義の理論的中心に「関係性」を据えて議論を展開しながら、ナラティヴ・アプローチが達成する関係性については多くを語っていない。関係性が個人を作るという側面を重視しながら、結局のところ、関係性は個人を変化させるための手段のような位置づけになっている、その結果、最終的には、個人主義的傾向から脱することができない。しかし、ナラティヴ・アプローチの実践が示しているのは、関係性によって個人が変わったともいえるが、個人の間に新しい関係性が生まれたともいえるような変化である。ここで、どちらの認識が正しいのかを議論する必要はない。関係性は個人を変える手段としても考えられるが、それ自体獲得すべき目標としても考えられる。ここで大切なのは、関係性を手段としてではなく目標として考えるとき、個人主義的傾向から脱することができる点である。目指すべきは個人の変化ではなく関係性の変化ということになるからである。

この違いを見事に示したのが、これまでの章でも論じてきた「オープンダイアローグ」である。オープンダイアローグは、社会構成主義とナラティヴ・アプローチに大きく影響を受けながらも、それとは異なる世界を切り拓いた。「対話」が継続的におこなわれるネットワークの再生と創造である（Seikkula & Olson, 2003）。患者を取り巻く関係者が一堂に会して、それぞれの思いを語る。決して結論を急がず、不確実性に耐えながら、さまざまな思いが自由に語られる多声性を大切にする空間を作っていく。この実践において目指されているのは、個人のなんらかの能力の獲得ではない。そうではなく、ひとびとの多様な声が尊重され響きあう関係性である。しかも、それは、セラピーのための一時的な関係性ではなく、患者を中心に家族や関係者によって構成される生活の場に根差した持続的な関係性、すなわち、共同性である。社会の個人化と専門化によって衰退した共同性を取り戻すこと、なんらかの能力をもった個人ではなく、共同性をもった個人、共同性のなかにある個人となることが目指されている。

もうひとつ、これも何度か論じてきた「当事者研究」もまた、こうした共同性を重視する実践としてとらえることができる。当事者研究は、自らが抱える問題に名前をつけて仲間に公開し、仲間とともに共同研究をおこなう。研究成果はすぐに行動に移され、失敗しても何度でも研究を重ねていく（浦河べてるの家、2005）。こうして、ともに研究する関係性が生まれる。しかも、この仲間はグループホームやセルフヘルプ・グループのメンバーであることが多く、生活のかなりの部分を共有する仲間との間で共同性を育んでいく。ひとりで問題に立ち向かうのではなく、みんなで問題に立ち向かう共同性が作られていくのである。

ところで、べてるの家の当事者研究は、認知行動療法やSSTと組み合わされることが多く、一見、個人のなんらかの能力やスキルの獲得が目指されているようにも見える。しかし、綾屋と熊谷が鋭く指摘するように、通常の認知行動療法と大きく異なるのは、その能力やスキルの獲得が医療の場ではなく生活の場でなされる点である。当事者研究の仲間たちは、本人がどういう問題で苦労しているかを研究を通じてお互いによく知っている。したがって、本人の能力やスキルが仮に変わらなくとも、周囲の認識が変わることで事態が変わる可能性がある。「本人の変えられない部分があったとしても、それを取り囲む仲間たちの変えられる部分が少しだけ変わることによって、適応は起き得る」（綾屋・熊谷、2010）のである。共同研究という行為が仲間たちの共同性を育み、そうした共同性が個人をより生きやすくしている。

これらの二つの実践に共通するのは、いうまでもなく、共同性の達成である。個人に内在するなんらかの能力ではなく、個人が共同性という関係性をもっていること、そうした共同性が個人の人生をより豊かにする点である。ナラティヴ・アプローチは、物語のもつ大きな力を発見して、物語による不当な支配から脱し新しい物語を手に入れることに実践の重点を置いてきた。その意味で、物語は、ガーゲンの指摘するとおり、レンズやモデルであり、それらをよりよいものにすることが目標とされてきた。しかし、一方で、ナラティヴ・アプローチの主要な実践を見てみると、そのようなレンズやモデルだけでなく、同時に、そこにはその新しい物語を共有するひとびとの存在、すなわち新しい共同性がかならず伴っている。そうした共同性がなければ、せっかく手に入れた新しいレンズやモデルも確かなものとはならない。では、大切なのはレンズやモデルなのか、それともレンズやモデルを共有する仲間の存在なのか。この問題を最後に検討しよう。

4　ナラティヴ・アプローチの新たな役割

ナラティヴ・アプローチは、ガーゲンの指摘するとおり、物語が「内的レンズ」や「内的モデル」となってひとびとの人生のあり方に大きく影響することに着目し、それをどうしたら変化させることができるかについてさまざまな革新的な方法を開発してきた。ナラティヴ・アプローチがもつこの役割は、物語による不当な支配や抑圧という現実がある限り、今後も有効であり続けるであろう。しかし、これまで見てきたように、ナラティヴ・アプローチは個人主義的傾向を引きずり、それゆえ、関係性や共同性のもつ重要性を軽視してきた。これらの問題は、再帰化や個人化の傾向が強まる現代において、臨床的にもより重要な課題となりつつある。オープンダイアローグへの急激な関心の高まりや当事者研究のさまざまな領域への広がりという事実がまさにこのことを示している。こうした社会の変化を受けて、ナラティヴ・アプローチは新たに次の三つの点に注意を払う必要がある。

（1）物語と共同性

その第一は、物語と共同性の位置づけに関する問題である。これまで述べてきたように、ナラティヴ・アプローチは物語がどうしたら変化するかに最大の関心を注いできた。しかし、ナラティヴ・アプローチの代表的な実践においても、また、オープンダイアローグや当事者研究においても、そこに見られるのは物語の変化だけではなく、新たな共同性の達成であった。もちろん、これまでこのことが無視されてきたわけではない。しかし、それはあくまで物語の変化を促したり維持するのに必要なものであって、大切なのは物語の変化だと思われてきた。大切なのは個人の内部の変化であって、外部の変化はそれを引き起こすための手段と位置づけられてきたのである。これこそがまさに「個人主義的傾向」にほかならないのだが、これまでの議論から見えてくるのは、物語の変化が目的で共同性はそのための手段なのではなく、物語を手段として新たな共同性を生み出すという逆のモデルのもつ重要性である。

オープンダイアローグは、参加者がそれぞれの物語を持ち寄ってオープンに語り、それぞれの物語についてお互いの理解を深める実践と考えることができる。また、当事者研究も、自分の物語を仲間に公開して、それがもたらす問題を共同で解決しようとする実践と言い換えることができる。つまり、オープンダイアローグも当事者研究も、物語それ自体の変化ではなく、物語をめぐるひとびとの関係性の変化が重視されている。オープンダイアローグでは、参加者それぞれがどのような物語をもっているのかをお互いに理解しあう関係が大切にされ、当事者研究では、どんな特徴をもった物語なのかを皆で研究し対応策を考える関係性が大切にされている。そして、こうした作業を通じて、新たな共同性が生まれている。物語が手段となって新たな共同性という目的が達成されているのである。ナラティヴ・アプローチは、共同性が新たな物語を生み出すことだけでなく、物語が新たな共同性を生み出す貴重な手段となることに注意を払う必要がある。

（2）「解放の物語」と「共同の物語」

第二に注意を払うべきなのは、物語の内容に関する問題である。ナラティヴ・アプローチはこれまで、物語の支配や呪縛からいかに脱して新たな物語を手に入れるかに関心を持ってきた。そのとき、われわれを支配し呪縛する物語が社会に流布するドミナントストーリーから大きく影響を受けること、それは単なる個人内部の問題ではなく社会構造と深く関係していることにも注意を向けてきた。前の章で論じたアディクションに関するナラティヴ・アプローチはまさにその例である。そこでは、「支配する言説」と「対抗する言説」という構図のなかで、いかに「対抗する言説」を豊かにしていくかについて工夫が重ねられてきた。そして、そうした「対抗する言説」を積み重ねることで、「解放の物語」をいかに生み出すかが目標とされてきた。

しかし、近年注目されるオープンダイアローグや当事者研究などの「共同性の実践」においては、そうした「支配と対抗」という図式は影を潜めて、「理解と共有」が重要なキーワードになっている。「個人の自由を抑圧するものへの対抗」という課題から、「再帰化と個人化によって衰退する共同性の再生」という課題へと、われわれが取り組むべき課題の焦点が移っているのである。このとき、われわれが必要としているのは、いかにして支配や抑圧から解放されたかという「解放の物語」ではなく、いかにして孤立から逃れて共同性を達成したかという「共同の物語」である。ナラティヴ・アプローチは、これまで多くの知見を蓄えてきた「解放の物語」だけでなく、「共同の物語」をどのようにして生み出すかという新たな課題に挑戦する必要がある。

（3）短期的支援と長期的支援

第三に注意すべきなのは、短期的支援と長期的支援に関する問題である。最初にガーゲンの議論を紹介した際に、ガーゲンの批判の意味は、セラピーを短期的支援と考えるか長期的支援と考えるかによって変わってくると述べた。セラピーは一般に、個人のなんらかの能力の成長や獲得を目標として、それによって問題を乗り切ることができれば成功とされる。この場合、支援は短期で完結する。一方、病気や障害によっては、なんらかの能力の成長や獲得がきわめて困難な場合がある。そうした状況においては、支援は短期では完結せず、長期的な支援が必要になる。短期的支援で有効だった能力の成長や獲得という目標とは別の支援目標を考えなくてはならなくなる。

そうした目標のひとつとなりうるのが「共同性の獲得」である。臨床的な問題は一般に、それ自体がもたらす苦難のほかに、問題を解決できないことによる社会的孤立というもうひとつの苦難をもたらす。病気の症状による苦しみだけでなく、その症状を解決するまでは満足に世間に相手にしてもらえないという苦しみである。そしてこの二つの問題が重なり合って問題はますます大きくなっていく。このとき、もともとの問題は解決していなくても、それが孤立や孤独に結びつかなければずいぶん楽になるはずである。これこそがまさに「共同性の実践」にほかならない。オープンダイアローグも当事者研究も、こうした実践としてとらえることができる。問題にひとりで立ち向かって孤立するのではなく、皆で共同して立ち向かっていく。このとき、問題自体は一向に解決しなくても、問題がもたらす社会的孤立という苦難は解消されている。苦難の半分は解消しているのである。この意味で、長期的支援においては「共同性の獲得」が重要な目標となる。ナラティヴ・アプローチはこうした長期的支援において物語が果たす役割についてさらに検討する必要がある。

かつて、「個人化する社会とナラティヴ・アプローチ」という論考において、個人化とナラティヴの関係について論じたことがある（野口、2005）。そのときは、個人化を進めるナラティヴとそれに対抗するナラティヴの二つのナラティヴの存在に注目していた。しかし、ここで見逃されていたのは、共同性を生み出すナラティヴというもうひとつの重要な存在であった。それは、個人化に対抗するナラティヴを共有することによって生まれる共同性ではなく、それぞれの個別のナラティヴを持ち寄ってそれが相互に理解されることによって生まれる共同性である。そのとき、ナラティヴの対抗性や強靭性はかならずしも必要な条件ではない。そうではなく、すでに存在するそれぞれのナラティヴを持ち寄って、それをお互いに尊重することが重要な意味をもっている。

ナラティヴ・アプローチは、ナラティヴにナラティヴで対抗するためのさまざまな方法を編み出してきた。これらの方法は、ナラティヴの変化や更新によって解決される問題が存在する限り、今後とも有効であり続けるであろう。したがって、従来のナラティヴ・アプローチの理論と実践を否定する必要はまったくない。「解放の物語」はこれからも必要とされ語り続けられるであろう。しかし、ナラティヴ・アプローチをそうした役割だけに限定する必要もない。ナラティヴは、これまで見てきたように、失われた共同性を再生するための貴重な資源となりうる。現代社会は「解放の物語」だけでなく、「共同の物語」を必要としている。ナラティヴ・アプローチはこれからこの新しい物語の創造に積極的に関わっていくことになるだろう。

おわりに

本書を読み終えて、読者の方々は本書のなかにひとつの断層のようなものがあるのを感じたのではないだろうか。本書の前半部分には登場せず、後半になって登場して何度も論じられ、本書の議論の方向性に大きな影響を与えているもの、そう、「オープンダイアローグ」という断層である。はじめにでも述べたが、二〇一四年にオープンダイアローグに関する論文をまとめて読んだことで、私の思考と関心は大きく変わった。二〇一四年以前に書いたものは、ナラティヴ・アプローチを広く伝えること、ナラティヴ・アプローチを未開拓の領域に応用してみることに関心があった。しかし、オープンダイアローグを知ってからは、ナラティヴ・アプローチとの違いや、ナラティヴ・アプローチの限界、そして、その乗り越えへと関心が移っていった。

では、なぜこれほどまでに衝撃を受けてしまったのか。その衝撃については本書の七章で述べたが、いまあらためて振り返ってみると、そこには二つの「コペルニクス的転回」があったように思う。ひとつは、「個人からネットワークへの転回」である。個人からネットワークへというと、システム論的家族療法とはそもそもそういうものだったのではないかと言われそうだが、言いたいのはそういうことではない。個人だけを見るのではなくネットワークを視野に入れるべきだという意味ではなく、ネットワークこそがすべてであるという意味である。個人を変えるためにネットワークに介入するとき、ネットワークは手段だった。これに対し、オープンダイアローグが示したのは、手段ではなく目的としてのネットワーク、個人が生きる場としてのネットワークである。この場合、個人が変わるかどうかは目標ではない。個人が生きられる場としてのネットワークがそこに成立することが目標となる。このことをオープンダイアローグから学んだ。

もうひとつのコペルニクス的転回は、「技法から愛への転回」である。すでに述べたように、オープンダイアローグは重要な治療的要素として「愛」について論じている。実は、この「愛」について書かれた論文を私はその発表当時に読んでいたのだが、当時はまったく理解できず、むしろ否定的にとらえていた。「愛？　それを言っちゃおしまいでしょう」と。それが仮に大事だとしても、それを言わずに理論的に説明するのが「科学」ではないか。それなのに「愛」などと堂々と言いだす奴は怪しい、近づかない方がいいと思ったかもしれない。それが、一〇年以上たって、あらためて読んでみると、涙が出るくらいに感動する。孤立と孤独のなかでもがき苦しむひとにとってもっとも必要なのは端的に「愛」ではないか。そして、「愛」はネットワークのなかに宿るときに安定するのではないか。すぐれた「技法」による解決だけでなく、「愛」のあるネットワークを生み出すことが目標となりうる。このことをオープンダイアローグは教えてくれた。

さらに、次のような疑問も湧いてきた。なぜ、私たちはこれほどまでに「愛」について語るのを避けてきたのか？　なぜ、「愛」について語ってはいけないのか？　こうした疑問が、これまでのナラティヴ・アプローチの限界として、また、今後乗り越えるべき課題として見えてきた。これこそがまさに私たちを呪縛するドミナント・ストーリーではないかと。ここで、ひとつ誤解を避けるために付け加えておこう。「愛」が重要だというと「愛」をもって患者やクライエントに接することが大事だという誤解が生まれそうだが、オープンダイアローグが主張するのはもちろんそういうことではない。そうではなく、「愛の感情が、専門職を含むネットワークメンバーの間で交わされ共有されるときに変化が起こる」ということである。つまり、「愛」は個人に求められる属性や資質ではない。ミーティングがうまくいったときに結果としてその場に流れるものであること、そして、それが私たちにとってとても大切なものであることをあらためて確認しておきたい。

オープンダイアローグがもたらしたこうした転回は、これまでのナラティヴ・アプローチが自ら築いてきたいくつかの限界を明らかにしてくれた。ナラティヴ・アプローチが暗黙の前提として信じてきたドミナント・ストーリーが見えてきた。その限界と乗り越えの方向性については、本書の最終章で論じたのでここでは繰り返さない。その方向性でよいのか、ほかの可能性はないのか、読者のみなさまのご意見をいつかお聞かせいただけるのを楽しみにしたい。

本書は、青土社の加藤峻さんの提案によって生まれた。今年の初めにご連絡をいただき、この一〇年ほどの間に私があちこちに書いたものを読んだ上で、一冊の本にすることを提案してくれた。私としてもそろそろ一冊の本にまとめる時期かと思いつつも、もうひとつ踏み切れないでいたところだった。ちょうど昨年書いて今年出版予定のものが何本かあり、それらを加えればなんとか形になりそうな気がしてきた。こうしてできあがったのがこの本である。加藤さんの一読者としての鋭い視線と熱い思いが本書をまとめるのに大いに役立った。記して感謝したい。

最後に、この企画がスタートしてから起きた二つの出来事についてふれておきたい。ひとつは、私が十数年前に書いた『物語としてのケア』の一部が今年度から高校の国語の教科書に採用されたことである。「物語としての自己」に関する一節で、おなじみの著名な作家や学者と並んで自分の文章が載るのはなんとも気恥ずかしい思いがしたが、同時に複雑な気分にもなった。私が頑張って主張してきたナラティヴ・アプローチや社会構成主義の考え方はいまや高校生も知る常識のひとつになったといえるからである。もちろん、すべての革新はあっという間に常識となりそして古典へと変わっていく。それが世の常なのはわかっている。しかし、そうした時代の流れのなかに自分がいることに不思議な感慨を覚えた。

もうひとつの出来事は、四月に急病で倒れて入院し手術をして三か月ほど療養生活をおくったことである。いまは後遺症もなくだいぶ元気になってきたが、一時はこの企画も大幅に延期か中止かと思われた。幸い、書き下ろし部分は入院前にほぼ書き終えていたので、なんとか出版まで漕ぎつけることができた。家族をはじめ、病院のスタッフの方々、大学の同僚など多くのひとの支えがなければここまでたどり着くことはできなかった。支えてくださったすべての方々にこの場を借りて心からお礼を申し上げたい。病いによって人生はあっけなく変わりうる。そして、病いのとき私は多くのひとの支えなしには生きられない。いや、病いでないときも私は多くのひとの支えなしには生きられない。そんな当たり前の事実をかみしめながら、本書を読者のみなさまに捧げたい。

二〇一八年九月

野口裕二

初出一覧

第一章　「言葉による癒し」（『學鐙』109 巻 3 号、2012 年）
第二章　「社会的現実が立ち上がるとき」（『N：ナラティヴとケア』2 号、2011 年）
第三章　「「読み」の多様性をめぐって——ナラティヴ・アプローチの視点から」（『日本文学』64 巻 3 号、2015 年）
第四章　「現代社会へのナラティヴ・アプローチ」（米村千代・数土直紀編『社会学を問う——規範・理論・実証の緊張関係』勁草書房、2012 年）
第五章　「親密性と共同性——「親密性の変容」再考」（庄司洋子編『シリーズ福祉社会学 4 親密性の福祉社会学——ケアが織りなす関係』東京大学出版会、2013 年）
第六章　「物語を書き換える」改題（信田さよ子編『実践アディクションアプローチ』金剛出版、2019 年）
第七章　「ナラティヴとオープンダイアローグ——アディクションへの示唆」（『アディクションと家族』30 巻 2 号、2015 年）
第八章　「ソーシャルネットワークの復権」（『N：ナラティヴとケア』8 号、2017 年）
第九章　「ナラティヴと感情」（西田英一・山本顯治編『振舞いとしての法——知と臨床の法社会学』法律文化社、2016 年）
第一〇章　「当事者研究が生み出す自己」（小林多寿子・浅野智彦『自己語りの社会学——ライフストーリー・問題経験・当事者研究』新曜社、2018 年）
第一一章　「継承すべき系譜②——自助グループ」改題（熊谷晋一郎責任編集『当事者研究と専門知——生き延びるための知の再配置』（『臨床心理学』増刊、10 号）、金剛出版、2018 年）
第一二章　「医療コミュニケーションの変容——平等化と民主化をめぐって」（『保健医療社会学論集』27 巻 1 号、2016 年）
第一三章　「ナラティヴと共同性」（書き下ろし）

参考文献

Alcoholics Anonymous（1939）*Alcoholics Anonymous.*（AA 文書委員会訳編『無名のアルコール中毒者たち――アルコール中毒からの回復』、AA 日本ジェネラル・サービス・オフィス、1979）

Andersen, T.（1991）*The Reflecting Team: Dialogues and Dialogues about the Dialogues.* New York, W. W. Norton.（鈴木浩二監訳、『リフレクティング・プロセス』、金剛出版、2001）

Anderson, H. & Goolishian, H. A.（1988）Human Systems as Linguistic Systems: Preliminary and Evolving Ideas about the Implications for Clinical Theory., *Family Process* 27（4）, 371-393.（野村直樹訳、『協働するナラティヴ――グーリシャンとアンダーソン による論文「言語システムとしてのヒューマンシステム』、遠見書房、2013）

Anderson, H. & Goolishian, H. A.（1992）The Client is the Expert. in McNamee, S. & Gergen, K. J. eds. *Therapy as Social Construction.* London, Sage.（野口裕二・野村直樹訳、『ナラティヴ・セラピー――社会構成主義の実践』、金剛出版、1997=2014、遠見書房より再版）

Attneave, C. L.（1969）Therapy in Tribal Settings and Urban Network Intervention. *Family Process,* 8（2）, 192-210.

綾屋紗月・熊谷晋一郎（2008）『発達障害当事者研究――ゆっくりていねいにつながりたい』、医学書院

綾屋紗月・熊谷晋一郎（2010）『つながりの作法――同じでもなく違うでもなく』、日本放送出版協会

Bateson, G.（1971）The Cybernetics of "Self": A Theory of Alcoholism., *Psychiatry,* 34-1.（佐藤良明・高橋和久訳、『精神の生態学 下』、思索社、1987）

Bauman, Z.（2000）*Liquid Modernity.* Cambridge, Polity Press.（森田典正訳『リキッド・モダニティ――液状化する社会』、大月書店、2001）

Bauman, Z.（2001）*The Individualized Society.* Cambridge, Polity Press.（澤井敦・菅

野博史・鈴木智之訳、『個人化社会』、青弓社、2008）
Beck, U.（1986）*Risikogesellschaft. Auf dem Weg in eine andere Moderne.* Berlin, Suhrkamp Verlag.（東廉・伊藤美登里訳、『危険社会——新しい近代への道』、法政大学出版局、1998）
Berger, P. L. & Luckmann, T.（1966）*The Social Construction of Reality. A Treatise in the Sociology of Knowledge.* New York, Doubleday.（山口節郎訳、『日常世界の構成——アイデンティティと社会の弁証法』、新曜社、1977）
コンパニョン，アントワーヌ（2012）「文学は割に合う」、『群像』、67巻3号
Epston, D.（1998）*Catching up with David Epston: A Collection of Narrative Practice-based papers published between 1991 & 1996.*, Adelaide, Dulwich Centre Publications.（小森康永監訳（2005）『ナラティヴ・セラピーの冒険』、創元社）
Foucault, M.（1980）*Power/Knowledge*, New York, Pantheon.
Frank, A. W.（1995）*The Wounded Storyteller*, Chicago, The University of Chicago Press.（鈴木智之訳、『傷ついた物語の語り手——身体・病い・倫理』、ゆみる出版、2002）
Garfinkel, H.（1967）*Studies in Ethnomethodology*, Upper Saddle River, Prentice-Hall
Gergen, K. J.（1994）*Realities and Relationships*, Cambridge, Harvard University Press.（永田素彦・深尾誠訳、『社会構成主義の理論と実践』、ナカニシヤ出版、2004）
Gergen, K. J.（1999）*An Invitation to Social Construction*, Thousand Oaks, Sage.（東村知子訳『あなたへの社会構成主義』、ナカニシヤ出版、2004）
Giddens, A.（1991）*Modernity and Self-Identity*, Blackwell Publishing.（秋吉美都・安藤太郎・筒井淳也訳『モダニティと自己アイデンティティ—後期近代における自己と社会』ハーベスト社、2005）
Giddens, A.（1992）*The Transformation of Intimacy: Sexuality, Love & Eroticism in Modern Societies.* Stanford University Press.（松尾精文・松川昭子訳、『親密性の変容—近代社会におけるセクシュアリティ、愛情、エロティシズム』、而立書房、1995）
Goleman, D.（1995）*Emotional intelligence. Why it can matter more than IQ.* London,

Bloomsbury.（土屋京子訳、『ＥＱ――こころの知能指数』、講談社、1996）
平田オリザ（2011）「コミュニケーションデザインとは何か」、『保健医療社会学論集』22巻2号5-15.
Holstein, J. A. & Gubrium, J.（1995）*The Active Interview*, Sage Publications.（山田富秋・兼子一・倉石一郎・矢原隆行訳『アクティヴ・インタビュー　相互行為としての社会調査』せりか書房、2004）
本田由紀（2005）『多元化する「能力」と日本社会――ハイパー・メリトクラシー化のなかで』、NTT出版
Illouz, E.（2007）*Cold intimacies: The Making of Emotional Capitalism,* Cambridge, Polity Press.
Imber-Black, E.（1988）*Families and Larger Systems: A Family Therapist's Guide through the Labyrinth.* New York, Guilford.
医療コミュニケーション研究会編（2009）『医療コミュニケーション――実証研究への多面的アプローチ』、篠原出版新社
Jamieson, L.（1998）*Intimacy: Personal Relationships in Modern Societies.* Cambridge, Polity Press.
Kleinman, A.（1988）*The Illness Narratives. Suffering, Healing and the Human Condition.* New York, Basic Books.（江口重幸・五木田紳・上野豪志訳、『病いの語り――慢性の病いをめぐる臨床人類学』、誠信書房、1996）
McNamee, S. & Gergen, K. J. eds.（1992）*Therapy as Social Construction*, Sage.（野口裕二・野村直樹訳、『ナラティヴ・セラピー――社会構成主義の実践』、金剛出版、1997=2014、遠見書房より再版）
Monk, G. Winslade, J. Crocket, K. , & Epston, D.（1997）*Narrative Therapy in Practice: The Archaeology of Hope,* Hoboken, John Wiley & Sons.（国重浩一・バーナード紫訳『ナラティヴ・アプローチの理論から実践まで――希望を掘り当てる考古学』、北大路書房、2008）
向谷地生良（2016）「当事者研究と精神医学のこれから」、石原孝二・河野哲也・向谷地生良編、『精神医学と当事者』、東京大学出版会
中西正司・上野千鶴子（2003）『当事者主権』、岩波新書
Necco当事者研究会（2013）「発達障害者による当事者研究会」、石原孝二編、

『当事者研究の研究』、医学書院
野口裕二（1989）「アルコール依存症と地域ケア」、斎藤学・高木敏・小阪憲司編、『アルコール依存症の最新治療』、金剛出版
野口裕二（1996）『アルコホリズムの社会学――アディクションと近代』、日本評論社
野口裕二（2000）「サイコセラピーの臨床社会学」、大村英昭・野口裕二編、『臨床社会学のすすめ』、有斐閣
野口裕二（2001）「臨床的現実と社会的現実」、中河伸俊・北澤毅・土井隆義編、『社会構築主義のスペクトラム』、ナカニシヤ出版
野口裕二（2002）『物語としてのケア――ナラティヴ・アプローチの世界へ』、医学書院
野口裕二（2005）『ナラティヴの臨床社会学』、勁草書房
野口裕二編（2009）『ナラティヴ・アプローチ』、勁草書房
野口裕二（2012）「言葉による癒し」、『學鐙』109 巻 3 号、丸善出版
野口裕二（2015）「ナラティヴとオープン・ダイアローグ――アディクションへの示唆」、『アディクションと家族』、30 巻 2 号、104-109、家族機能研究所
野口裕二編（2015）『N：ナラティヴとケア』6 号、2-4、遠見書房
野口裕二（2017）「ソーシャルネットワークの復権」、『N：ナラティヴとケア』8 号、96-100、遠見書房
齋藤純一（2003）「親密圏と安全の政治」、齋藤純一編、『親密圏のポリティクス』、ナカニシヤ出版
斎藤環著・訳（2015）『オープンダイアローグとは何か』、医学書院
斎藤学（1985）『ネットワーク・セラピー――アルコール依存症からの脱出』、彩古書房
桜井厚（2002）『インタビューの社会学――ライフストーリーの聞き方』、せりか書房
Seikkula, J. , Arnkil, T. E. , & Eriksson, E.（2003）Postmodern Society and Social Networks: Open and Anticipation Dialogues in Network Meetings. *Family Process,* 42（2）, 185-203.

Seikkula, J. & Olson, M. E.（2003）The Open Dialogue Approach to Acute Psychosis: Its Poetics and Micropolitics. *Family Process,* 42（3）, 403-418.（斎藤環著・訳、『オープンダイアローグとは何か』、医学書院、2015）

Seikkula, J. & Trimble, D.（2005）Healing Elements of Therapeutic Conversation: Dialogue as an Embodiment of Love, *Family Process,* 44（4）, 461-475.（斎藤環著・訳、『オープンダイアローグとは何か』、医学書院、2015）

Seikkula, J. & Arnkil, T. E.（2006）*Dialogical Meetings in Social Networks,* Routledge.（高木俊介・岡田愛訳、『オープンダイアローグ』、日本評論社、2016）

Speck, R. & Rueveni, U.（1969）Network Therapy: A Developing Concept. *Family Process,* 8（2）, 182-191.

Speck, R. & Attneave, C.（1973）*Family Networks.* New York, Pantheon Books.

Spector, M. & Kitsuse, J. I.（1977）*Constructing Social Problems*, San Francisco, Cummings Publishing.（村上直之・中河伸俊・鮎川潤・森俊太訳、『社会問題の構築——ラベリング理論をこえて』、マルジュ社、1990）

田中実監修（2014）『読むことの術語集——文学研究・文学教育』、双文社出版

上野千鶴子（2010）「ジェンダー研究・当事者学の立場から」、『社会福祉学』、51巻3号

浦河べてるの家（2002）『べてるの家の「非」援助論』、医学書院

浦河べてるの家（2005）『べてるの家の「当事者研究」』、医学書院

和田仁孝・中西淑美（2011）『医療メディエーション——コンフリクト・マネジメントへのナラティヴ・アプローチ』、シーニュ

和田仁孝・前田正一（2001）『医療紛争——メディカル・コンフリクト・マネジメントの提案』、医学書院

Whitaker, R.（2010）*Anatomy of an Epidemic. Magic Bullets, Psychiatric Drugs, and Astonishing Rise of Mental Illness in America,* New York, Crown Publishers.（小野善郎監訳、『心の病の「流行」と精神科治療薬の真実』、福村出版、2012）

White, C. , & Denborough, D. eds.（1998）*Introducing Narrative Therapy: A collection of practice-based writings.* Dulwich Centre Publications.（小森康永監訳、『ナラ

ティヴ・セラピーの実践』、金剛出版、2000)
White, M. & Epston, D.(1990)*Narrative Means to Therapeutic Ends,* New York, W. W. Norton.(小森康永訳、『物語としての家族』、金剛出版、1992)
Winslade, J. & Monk, G.(2000)*Narrative Mediation: A New Approach to Conflict Resolution,* John Wiley & Sons.(国重浩一・バーナード紫訳、『ナラティヴ・メディエーション――調停・仲裁・対立解決への新しいアプローチ』、北大路書房、2010)

［著者］野口裕二（のぐち・ゆうじ）

1955年千葉県生まれ。東京学芸大学名誉教授。専門は臨床社会学、医療社会学。北海道大学文学部卒業、同大学院博士課程単位取得退学。著書に『アルコホリズムの社会学――アディクションと近代』（日本評論社）、『物語としてのケア――ナラティヴ・アプローチの世界へ』（医学書院）、『ナラティヴの臨床社会学』（勁草書房）、『ナラティヴ・アプローチ』（編著、勁草書房）など。

ナラティヴと共同性

自助グループ・当事者研究・オープンダイアローグ

2018年12月28日　第1刷発行
2023年 2 月15日　第5刷発行

著者――野口裕二

発行者――清水一人
発行所――青土社

〒101-0051　東京都千代田区神田神保町1-29　市瀬ビル
［電話］03-3291-9831（編集）03-3294-7829（営業）
［振替］00190-7-192955

組版――フレックスアート
印刷・製本――シナノ印刷

装幀――ミルキィ・イソベ

ISBN 978-4-7917-7128-8 C0011